JN074642

はじめて出会う経営学 第2版

内藤 勲【編著】

関 千里／津田秀和／西海 学／古澤和行／金澤敦史
森田大輔／土橋力也／林 幹人／林 伸彦
【著】

中央経済社

はじめに

　本書は経営学の初学者（大学 1 年生）を対象にするテキストである。しかし，経営学部に入学した人だけでなく，経済学部や商学部に入学した人にも最初に読んでもらいたい入門書である。さらにそれだけでなく，他の社会系学部や人文系学部に入学した人や自然科学系学部に入学した人でも，社会人であっても経営学に興味を持った人には，是非，最初に手にとって読んでほしい入門書である。

　経営学の入門書はすでに数多く出版されている。その多くが，企業の経営環境とのかかわりに焦点を合わせる戦略論と，企業を動かす仕組みに焦点を合わせる組織論を中心にして構成されている。しかし，経営学はもっと広範な内容を持つ学問である。科学的管理法や官僚制の議論を経営学の 1 つの起点とすれば，経営学は安定した環境下で効率性を追求する管理論から，激しい環境変化への適応を追求する変化のマネジメントへとその領域を広げてきた。戦略論や組織論は現代企業の環境適応を議論する上で不可欠の話題である。その意味で，経営学の入門テキストがそれらの内容に焦点を合わせることは自然な流れである。

　しかし，企業には研究開発や製造，営業，人事などのさまざまな機能がある。戦略論と組織論中心の構成では，こうした機能別の解説はなされないことになる。あるいは，効率を追求するための管理論の諸領域を取り上げることも必要であろう。社会的制度としての企業の存在を取り上げることも必要である。もちろん，限られた紙幅の中で経営学の入門的解説する際には，内容のわかりやすさと，発展学習へのつながりと，解説する領域の広がりなどのバランスを取らなければならない。大学の 1 セメスター15回の講義を前提とすると，取り上げられる領域は自ずと限られることになる。そこで，本書を構成するにあたり，1 年間30回の講義を前提に28章構成として，広範な内容をわかりやすく解説することを目指した。

　経営学の内容は大きく4つの領域に分けられる。社会の中にある制度としての企業について学ぶ「企業論」，生産やマーケティング，人事といった機能別マネジメントを学ぶ「経営管理論」，企業と環境との関わりについて学ぶ「戦略論」，企業における人々のつながりについて学ぶ「組織論」の4領域である。本書では，それらを第Ⅰ～Ⅳ部で扱い，それぞれ5章で構成している。その上で，企業数に占める比率が大きい「中小企業」を扱う第Ⅴ部4章とさまざまな現代的な課題を解説する第Ⅵ部4章を加えている。もちろん，これで経営学の広範な内容を網羅しているわけではないが，類書に比べれば扱う範囲は広いものと自負している。

　学際的な経営学を学ぶためには，単に本書を読むだけでなく，さらに多様な学びが必要となる。そのため，本書では各章それぞれにさらなる広がりがあることを前提にして学んで欲しいという期待を込めて，各部の扉にこれから学ぶ各章の発展学習のための参考文献を紹介している。読者が経営学を学ぶための一助となれば幸いである。

　最後に，本書を完成するにあたって協力していただいた執筆者に感謝を表したい。また，本書の刊行の機会を与えてくださった中央経済社にも感謝申し上げたい。

2016年2月

執筆者を代表して

内藤　勲

第2版の刊行に寄せて

　初版の刊行から5年が経過し，社会も変化してきた。経営学の根幹が変化するわけではないが，法令の変化やデータの変化など修正すべき箇所は少なくなかった。時代の流れに対応するため第27章を大幅に修正し，第23章，第24章，第28章を全面的に書き換えた。次の時代にも経営学に出会う初学者を導く書となることを祈念している。

2021年11月

執筆者を代表して

内藤　勲

目　次

第Ⅱ部　企業活動を管理する

第Ⅵ部　現代企業の経営課題

第 I 部

会社と社会

第Ⅰ部をより深く学ぶための参考文献

第1章　企業社会に生きる
　稲葉祐之／井上達彦／鈴木竜太／山下勝［2010］『キャリアで語る経営組織——個人の論理と組織の論理』有斐閣

　竹ノ下弘久［2013］『仕事と不平等の社会学　現代社会学ライブラリー13』弘文堂

第2章　経営学の全体像
　伊丹敬之／加護野忠男［2003］『ゼミナール経営学入門　第3版』日本経済新聞出版社

第3章　企業と会社
　松田千恵子［2015］『これならわかるコーポレート・ガバナンスの教科書』日経BP社

　R. A. G.モンクス／N. ミノウ（ビジネス・ブレイン太田昭和訳）［1999］『コーポレート・ガバナンス』生産性出版

第4章　会社の目標と利益
　斎藤静樹［2010］『企業会計とディスクロージャー』（第4版）東京大学出版会

第5章　企業の社会的責任
　松本恒雄監修［2014］『新CSR検定3級公式テキスト』株式会社オルタナ

企業社会に生きる

Key Words

生活と企業，労働観，働くということ，やりがい，会社人間，ワーク・ライフ・バランス

1．企業で働くということ

　現代は企業社会ともいわれている。私たちの日々の暮らしには，企業と称される組織によって提供される商品・サービスを利用することによって成立している部分がある。そして，私たちの大半が働き，仕事をすることで生活の糧を得る舞台となるのもまた，企業と称される組織である。その意味において，私たちには企業社会に生きること，企業社会を生きることが求められている。

　労働することは，私たちにとって，「生活の糧を得るための経済的活動」であり，収入を得るための生産活動であり，「仕事」をすることでもある。仕事の場面はすぐれて企業とのかかわりを有する。企業で働くということをどのように考え，そのイメージをどのように捉えればよいだろうか。そして，そのことと経営学を学ぶ意義とはどのような関係を有するであろうか。この章では両者について考えることとする。

(1)　労働観の変遷

　働くということにかんする見方，考え方は「労働観」と呼ぶことができる。「なぜ働くのか」ということに対する見解には諸説あるが，根本はシンプルである。それは，「食べるため」「生活のため」に「働かなければならない」ということに尽きるようである。古来，さまざまな思想家や哲学者が「働くことの

意味」を問うているが，古典的な思想にさかのぼっても，労働とは「人間として避けられない苦役」であるとされており，働くことはある部分で「しんどいけれど，やらなければならないこと」として義務的，必要悪的に捉えられてきたことも否めない（清水［1982］）。

　一方で，働くということには「働くことの喜び」や「やりがい」，「仕事をつうじて認められること」といった側面があることも確かであろう。私たちは仕事をつうじて，社会の構成員の一員としての実感を得，自分が自分として認められたような思いに至ることもまた，確かである。このように，企業で働くということには，「生活の糧を獲得する」ということのみならず，「労働の喜びややりがい」，「仕事をつうじた自己実現」といった側面があるといえる。

　もっとも，「労働には喜びが内在し，働くことが人間の本質である」と考えられるようになったことは，すぐれて近代の所産であり，近代以降の労働観でもある（今村［1998］）ということも付言しておかなければならない。

(2) 労働観の涵養方法

　さきに述べたように，労働観≒働くことに対する見方・考え方には，時代や文化による違いがあるものの，おおむね「働くことは必要なこと（でもしんどいな）」という共通見解があると考えてよいであろう。こうした感覚は，私たちの皮膚感覚と近く，そう大きく異なってはいないと思われる。

　それでは，私たちは「働くということ」のイメージをどこから獲得し，どのようにして涵養することができるのであろうか。その1つは実体験，たとえば中高生時代に経験した職業体験や大学時代のインターンシップ，あるいはアルバイト先での勤務ということになろう。実際に働いてみること，職場での経験をつうじて，働くことへの意識を高めることができる。

　さらに，書籍等をつうじたイメージの入手ということもある。一例として，2020年に刊行された『なぜ僕らは働くのか』などの書籍がある。同書を読んだことのある人もいると思うが，仕事の種類を知り，仕事や働くこと自体の意義を考え，将来の働き方を見通す材料が提示されている。また，マンガやアニメ映像作品といったかたちで，働くということのイメージを入手することも少なくないだろう。マンガ，アニメにかんする研究蓄積は数多く，門外漢ゆえ安易

なコメントは慎むべきだが，事実として「職業もの」のアニメ，会社で働く社会人を主人公とするマンガも数多く存在する（真実［2010］）。

　それら作品の中には，景気の低迷や日本的雇用慣行の変化といった社会・経済状況の変化，企業の内部・外部環境の変容に翻弄され，立ち向かう人びとの姿，仕事の大変さとやり遂げた達成感，やりがいなどが活写されている。それらから，働くということのイメージをつかむこともできるだろう。

　上記の議論において，企業で働くという対象として想定されてきたのは主に男性の労働者であった。また，経営学の領域において，企業という用語について，それが何らの注釈も用いられることなく使用される場合は，その対象として想定されるのは大企業であり，製造業であり，株式会社の形態をとっている企業を代表とするものであった。近年の労働をめぐるさまざまな話題，例えば，仕事と家庭の両立，結婚と仕事の継続，新規学卒者の就職難，非正規労働やフリーターの問題，それらは性別にかかわらず振りかかってくるが，特に働く女性にビビッドにもたらされる動きでもあった（富山［2015］）。現在，それらについて如何にさまざまな分類軸があり，それらの限界を超えるべく幾多の研究分化が見られるかは措くとして，これまでそういう部分があった。

2．企業という場面

　労働観にかんする議論を簡単にまとめておこう。「働くということ」は，「生活のための労働」という側面と，「働くことの喜び」や「仕事のやりがい」といった側面を併せ持つものである。これらを踏まえて，私たちは企業で働くということを選択するし，選択しなければならない。そして，ひとたび企業で働いたならば，そこは私たちにとって「第二の生活の場」としての性格を帯びることになる。

(1)　経営学を学習する意味

　稲葉［1990］は，(a)私たちの生活と企業の活動が切り離せないこと，そして私たちにとってひとたび企業に就職したなら，(b)企業が「第二の生活の場」になること，を指摘することから経営学を学ぶ意味を説き起こし，だからこそ

「企業の仕組み」や「企業の本性」を知ることが必要であると述べている。

　企業の仕組み，本性を如何に学ぶか。最も広義かつ簡明な経営学についての定義を借りれば，「企業を直接の研究対象とする学問」がそれに該当する。したがって，本書ならびに『経営学入門』を名乗る書籍を紐解くことによって，企業の仕組みやシステム，マネジメントについての理解を深めることができよう。

　一方で，「企業の本性」はどうであろうか。企業は，社会における基礎的な構成単位（生産単位）として，社会で暮らす私たちにとって不可欠な財・サービスの提供を行っている。企業の存立にとって社会的使命の遂行は欠かせないが，企業にとっての内在的目的は，その本質的な部分において利潤の獲得に置かれている。その意味において企業は利潤をできるかぎり大きくするような行動を志向することになる。つまり，利潤や利益の獲得が第一，という行動様式が企業の本性より発する。それゆえ，「人間的であると同時に非人間的でもある」（田尾［2002］）姿を垣間見せることもある。いわゆるブラック企業問題などは，その一端を表しているかもしれない。

(2)　企業に流れる時間

　いうまでもなく，私たちにとっての「第一の生活の場」は，プライベートな場面である。そして，そこに流れる時間は，自分の生活を成り立たせるための「生活必要時間」であり，自由に差配できる「自由時間」である。一方で，私たちにとっての「第二の生活の場」，企業という場に流れる時間は，始業と就業に画期される「労働時間」である。労働時間のなかに身を置くことをつうじて，私たちは企業で働き，組織において仕事を遂行する。

　私たちにとって「第二の生活の場」が企業である，と述べたが，これは（ひとまず）仕事が義務であるとする立場の人も，（ひとまず）仕事が喜びであるとする立場の人も同様で，私たちに与えられた「1日」は24時間である。仮に，「食べるために働かなければならない」という義務的な姿勢で仕事に臨み，最低限の仕事しかしないとしよう（それでは困るが）。その場合でも，正社員であれば労働基準法に定める法定労働時間は，原則1日8時間，週40時間ということになるから，おおよそ1日の3分の1は会社で働くことに費やされる。

　仕事に目途がつかなければ，所定外労働時間として，いわゆる「残業」が必要となる。リモートワークが増加しているとはいえ，すべての仕事が毎日，定時までに終わるとは限らない。仕事に向けて態勢を整える時間や，通勤時間も加味しなければなるまい。こう考えると，私たちの1日の，その大半は会社がらみの時間として費やされる。

　日本における総実労働時間についてみると，年間1,800時間を割り込む数字（平成25年統計）となっている。1970年代初頭に2,300時間台を示していた日本の総実労働時間には，1987年の労働基準法改正によって法定労働時間が原則40時間とされたこと，パートタイム労働者の比率が増えたこと等に伴い減少傾向が見える。こうした総実労働時間の変化をみると，先に述べた「労働時間」はおろか「残業」までも少なくなっていると思いがちだが，やや早計であろう。

　総実労働時間の変化について，労働協約や就業規則によって定められた労働時間である「所定内労働時間」の面，および残業や休日出勤などによる「所定外労働時間」の面から把握すると，前者の減少が確認できる。つまり，残業が少なくなったというよりも，祝日・休日の増加や働き方の変化によって出勤自体が少なくなったことの効果が大きいといえる。（**図表1-1**参照）。

図表1-1　日本における総実労働時間の推移

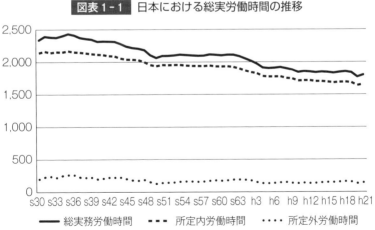

出所：毎月勤労統計調査（暦年）より作成。

3．会社人間を超えて

　このように，会社は「第二の生活の場」であるとすれば，企業組織のために
使う時間が私たちの1日のうち多くを占めることになる。
　組織は人の集まりであり，ヒューマン・オーガニゼーションである。同時に
組織というのは，仕事のためのもの，ワーク・オーガニゼーションでもある。
その仕事はときに，自らの意に沿わないかもしれないが，組織において各個人
は，組織全体の目標のためにそれぞれの持ち場において働くことが求められて
いる。企業社会に生き，企業で働くことの光と影は，経営学ならびに隣接諸科
学にて数多取り上げられてきた。

(1) 「会社人間」の含意

　とくに，日本における労働，日本企業における人びとの働き方をあらわす用
語として「会社人間」という言葉がある。会社人間とは，会社のために「強く
組織にコミットメントする人たち」であり，日本的な経営方式との関連も指摘
される（田尾[1997]）。会社に拘束され，仕事に忙殺されるという働き方は望
ましいとはいえないだろう。その一方で，仕事に没入するという経験を持たな
ければ，働くことの妙味を見つけることはできないかもしれない。
　会社は「儲けを多くしよう」とするし，そこで働く人は「労少なくして，得
るものを大きくしよう」とするので，そもそも会社とそこで働く人との間に心
情の相違や溝が存在する。そのため，組織へのコミットメントには相応の時間
がかかる。会社とそこで働く人の心情の隔たりを埋め「心から組織にコミット
でき，自らを会社に同一視させられるようになる」ならば，それは「正真正銘
の組織人になること」であり「会社人間になること」（田尾[2002]）でもある。

(2) 企業社会を生きる

　その意味で私たちには，企業社会において「手堅い組織人になること（田
尾）」が求められている。そして，経営学を学ぶことによって，そのための視
座を（少なくとも1つは）得ることができる。

　さいごに，企業で働き，企業社会を生きることを象徴する2つの文章（**図表1-2**）を紹介して本章の結びとしたい。立原の詩において詠まれた「私のかへつて来る」場所，つまり「住い」ないし「部屋」は，出かける場所，外の「街」の姿を照射している。前田[1992]は，第一連・第二連において詠まれた「私の部屋＝そこ（第一の生活の場）」と，第三連において詠まれる「街＝かしこ」を「企業のオフィス（第二の生活の場）」と関連づけながら，〈未来〉の可能性を論じている。

図表1-2　立原道造によるソネット

「私のかへつて来るのは」　立原道造

私のかへつて来るのは　いつもここだ
古ぼけた鉄製のベッドが隅にある
固い木の椅子が三つほど散らばつてゐる
天井の低い　狭くるしい　ここだ

ランプよ　おまへのために
私の夜は　明るい夜になる　そして
湯沸しをうたはせてゐる　ちひさい炭火よ
おまへのために　私の部屋は　すべてが休息する

──私は　けふも　見知らない友を呼びながら
歩き疲れて　かへつて来た　街のなかを
私は　けふも　疑つてゐた
そして激しく渇いてゐた……

窓のない　壁ばかりの部屋だが　優しいが
すつかり容子をかへてくれた……私が歩くと
ここでは　私の歩みのままに
光と影とすら　揺れてまざりあふのだ

　「朝の出勤の途上にあるサラリーマンにとって，オフィスはその日の〈未来〉をはらんだ「かしこ」として前方にひらけている。じっさいにはオフィスの仕事の大半はきまりきったルーティン・ワークであり，そこで過ごされる時間はおおむね退屈な時間であるにちがいないが，それでも未知の人間や予測できない出来事との出会いは，いくばくかの可能性として彼を待ち受けている。そのかぎりで，立原の詩のなかにある「疑つてゐた」「渇いてゐた」という言葉は，住いから「街のなか」に出発した人間が引きうけなければならない不確定な〈未来〉のかたちを，その裏側から照らしだしていることになる（前田[1992]）。

　私たちは,「住いから街のなか」に出発する。その出発は,会社への出勤で
あるかもしれない。そして仕事を終えて退勤し,住まいに「かえって来る」。
このことは,企業で働くということの一端をあらわすとともに,ワーク・ライ
フ・バランス(work-life-balance)の重要性をも示唆するのではないだろうか。
　企業社会を生きる私たちにとって,働くことの意味づけや位置づけは変化す
るものであるが,そこには仕事と生活の調和,すなわちワーク・ライフ・バラ
ンスの視点,より広く見ればSDGs(Sustainable Development Goals)の観点が
反映される。すべての人が心身ともに健やかに職業生活を送ることは,持続可
能性の面からも有益である。企業,組織に与えられた仕事をこなし,言われる
がままに働くことを超え,自律的・主体的に働くことができるならば,私たち
の生活にも良い影響(ポジティブ・スピルオーバー)が波及する。経営戦略の
一環として,ワーク・ライフ・バランスの実現,SDGsに取り組む由縁の１つ
が,ここにある。

第 **2** 章

経営学の全体像

事業，組織，システム，ガバナンス，戦略，管理，会計学，商学，経済学

1．経済社会に生きる

　日常生活を思い浮かべてみよう。朝，目覚まし時計の音と共にベッドの上で目覚め，パジャマから普段着に着替え，シリアルに牛乳をかけた朝食をとり，テレビでニュースを聴きながら時刻を確認し，通勤のために家を出る。通勤電車の中でスマホを使って友達と情報交換する。……。人によって違いはあろうが，われわれはさまざまな物事に取り囲まれて生活している。こうした衣食住楽という日常生活は自給自足で孤独に行われるわけではない。

　例えば，毎日食べる米をスーパーマーケットで購入し，毎日着ている服を衣料品店で購入する。鉄道会社から電車の移動サービスを購入して移動する。通信会社から通信サービスを購入して情報交換する。われわれが手に入れる製品やサービスは自分で作り出したものではなく，誰か他の人が作り出したものである。自分ではない誰かが作った製品やサービスは貨幣を使って売買されている。その貨幣を使った売買の仕組みが市場と呼ばれる。われわれは市場の存在を前提にした社会の中で生活を営んでいる。

　そうした現代社会の中で人々の生活に必要な製品やサービスを提供しているのが企業であり，企業は現代社会の中で中核的な役割を果たしている。ある企業によって生産される生産財（企業が使う製品やサービス）を別の企業が使用して消費財（家計が使う製品やサービス）を生産し，それが家計によって消費

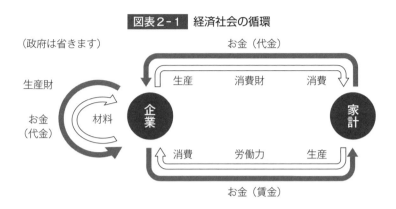

図表2-1 経済社会の循環

される。家計は企業が必要とする労働力を提供する。生産された製品やサービス，あるいは労働力の提供に応じてお金（代金や賃金）が支払われる。製品やサービス，労働力などの流れはお金の流れと対応している。これが，われわれが生きている社会の経済的な姿である。

2．社会の中の企業～企業の4側面～

⑴　事業を営む企業

　完全な自給自足の社会では，消費されるものはすべて自分たちで生産することになる。米を育てて，その米を自分たちで食べる。野菜を育てて，その野菜を自分たちで食べる。自分たちで綿花を育てて，糸を紡ぎ，布を織り，衣服を作り，使用する等々，自家消費が自給自足社会の特徴である。それに対して，自家消費を目的とせず，他者のために生産し，提供する間接的な生産・消費こそが現代社会の特徴である。

　自動車メーカーは誰か他者のために自動車を生産して販売している。飲料メーカーはさまざまな飲料を他者のために生産して販売している。スーパーマーケットはさまざまな食品・日用品を他者のために品揃えして販売している。自らを取り巻く環境である社会に対して，何らかの生産物（製品やサービス）を提供し，社会から何らかの価値評価を受ける一連の持続的な活動の総体が事業と呼ばれる。企業はこの事業を行う主体である。

　経済社会における事業は社会によって評価されていることが重要である。つまり，営み続けられる事業は社会において必要とされているということである。ドラッカー（P. F. Drucker［2001］）が企業の目的を「顧客の創造」と述べたように，社会が必要としている生産物を提供する事業の運営こそが企業の役割である。

(2)　組織としての企業

　われわれの社会で営まれているほとんどの事業は一人で行われるものではない。ショップで売られている衣服も誰か一人が作って売っているものではない。流行を取り入れたデザインをする人がいて，生産を計画してコントロールする人がいて，生地を裁断する人がいて，裁断された布を縫い合わせる人がいて，それらを運ぶ人がいて，……，簡単には列挙できないほどの人々が協力した結果が購入される一着の服である。このような多くの人々が協力するまとまり，仕組みが組織と呼ばれる。

　さまざまな企業がさまざまに活動し，さまざまな事業を行っている。1万円を超えるようなジーンズを売る店があれば，1,000円以下でジーンズを売っている店もある。Switch，PS5，Xbox Seriesなど，さまざまなゲーム機器があり，機能が違って，値段も違って，売れ行きも違っている。それは，開発の仕方が違い，製造の仕方が違い，販売の仕方が違い，宣伝の仕方が違うからである。組織の違いによってこうした多様性が生みだされている。

　組織の活動は，社員やパート，アルバイト，派遣社員などそれぞれの企業で働くさまざまな人々によって遂行されている。働く人々を目的となる事業運営に向けてうまく協力させることが事業を営むための要となる。

(3)　システムとしての企業

　企業は，組織によって事業を運営しているが，それだけでは事業の運営はできない。物を生産しようとすれば，工場が必要であり，工場にはさまざまな機械が必要である。物を販売しようとすれば，店舗が必要であるし，店頭に商品を展示する什器も必要である。サービスを提供する場合も同様である。例えば，理髪店であれば，店舗が必要であり，鏡やハサミなどの設備や道具が必要であ

る。設備や道具だけでなく，製品やサービスの生産にはさまざまな素材や部品も必要である。

さらに，素材・部品や設備・道具を手に入れるためには資金が必要である。設備・道具を使って素材・部品から何かを生産するためには労働者も必要である。何を生産するかを考えたり，生産した物を販売するためにも労働者は必要である。生産の仕方についての情報や顧客が欲しているものについての情報なども必要である。企業はヒト・モノ・カネ・情報といった経営資源を使って製品・サービスを作り出し，市場に提供する。

言い換えれば，企業は投入（インプット）を産出（アウトプット）に変換するシステムである。システムとは環境と内部の境界を持ち，その環境からの投入を環境への産出に変換する1つのメカニズム（機構）である。また，あるシステムの産出が別のシステムの投入になるという形でシステムは連結されており，そのように連結された複数のシステムのまとまりもまたシステムである。企業は，市場から経営資源を入手して，それを変換し，市場に製品・サービスを提供するシステムでもある。

(4) お金の動きとしての企業

事業を運営するためには組織を作り，働く人々にうまく協働してもらうのと同時に，設備や道具もそろえて，企業というシステムを作り，動かさなければならない。経済社会においては，その組織／システムを作り，維持し，動かすためには，市場を通じて製品・サービスを販売し，収益を得る必要がある。

営利を目的としない組織（NPO）であっても組織，システムを維持するためにはお金を動かさなければならない。営利目的の会社とNPOの違いは収益の求め方にある。会社は利益を大きくするためにより多くの収益を求めるかもしれないが，NPOは必要最小限の収益で十分と考える。

図表2-2に示される事業運営・組織維持・収益という循環関係で明らかなように，お金の動きと人の動き・つながりは表裏一体である。人々が活動しお金が動くことが事業を営むということであり，お金を動かすという企業の事業活動が現代社会を支えている。

図表2-2 収益と事業・組織

3．経営学の体系

⑴　経営と経営学

　企業は事業を行い，社会に必要とされる製品・サービスを提供することによって貢献し，同時に，社会に対してその企業で働く機会を提供して，貢献する。経営とは，企業を動かして事業を営むことである。その経営についてドラッカー［2001］は次のように述べている。

　①　企業が持っている特有の使命を果たす。

　②　仕事を通じて働く人たちを生かす。

　③　自分たちが社会に与える影響を処理すると共に，社会の問題に貢献する。

　経営によって企業が金を儲けることはあるかもしれないが，経営とは金儲けだけのために行われるのではない。経営学は「経営」を対象とした学問であり，経営学は「経営」に関する理論的な知識の体系である。経営学は「金儲け」のための学問ではない。

　また，経営は社長だけが行うものではない。事業は一人で行うものではない。組織を通じて行われるものである。確かに，組織のリーダーでもある社長の役割は大きいだろうが，経営は社長だけでするものではない。さまざまな仕事を分業して行う組織では，誰もが事業の運営に携わっており，誰もが大なり小なり経営に参画している。経営学は社長になるための学問でもない。

　よい経営は組織としての企業を構成しているあらゆる人々（働く人々）が，それぞれに与えられた仕事をうまく行って，全体としてうまく事業を営むことである。その意味で，経営学は「組織・システムとしての企業を動かしてうま

く事業を運営するための学問」であり，あらゆる人が学ぶ価値のある学問である。

(2)　経営学の４領域

　システムとしての企業によって事業をうまく営むためには，大きくシステムの外部との関係［環境との関係］とシステムの内部の状態［要素間の関係］の２つの領域の問題を解決する必要がある。

　環境との関係はさらに２つの問題領域に分かれる。第一にその事業が社会に受け入れられることが必要である。社会の中でどんな事業をすることが正しいこと（正当）なのか，事業を行うことの正当性をどのように保証するのか。これが企業のガバナンスに関する問題である。本書では，第一部「会社と社会」がこのガバナンスに関するパートである。

　第二に，環境との関係をうまく整える問題である。ガバナンスは企業の行動に正当性を与えるが，ガバナンスでは企業が行う事業の社会にとっての必要性は評価されない。企業を維持するために必要なお金の流れを確保するためには，事業が社会に必要であると評価されなければならない。具体的に誰に対してどんな事業を展開するのかという戦略の問題である。本書では，第Ⅲ部「戦略的に経営する」がこの戦略に関するパートである。

　要素間の関係についてもさらに２つの問題領域に分かれる。まず，事業を営むために，働く人々の協力の仕組みを考え，作り上げなければならない。単に，仕組みを作るだけではなく，働く人々のやる気を向上させ，その仕組みが動くようにしなければならない。これが経営における組織の問題である。本書では，

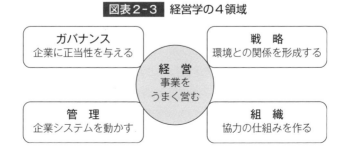

図表2-3　経営学の４領域

第Ⅳ部「協力の仕組みを作る」が組織に関するパートである。

　次に，環境から資源を投入し，変換する企業システムを動かさなければならない。投入，変換，産出というシステムの過程を滞りなく動かさなければならない。これが経営における管理の問題である。本書では，第Ⅱ部「企業活動を管理する」が管理に関するパートである。

(3)　経営学の広がり

　経営学の中核的な部分は，ガバナンス，戦略，組織，管理の4領域であるが，経営学はもっと大きな広がりを持っている。

　先にも述べたように，企業の活動はお金の動きでもある。企業の活動をお金の動きでとらえる学問が会計学である。会計学には，企業活動の成果を正しく把握しようとする財務会計と，会計的な数値に基づいて企業システムの管理を行おうとする管理会計がある。

　企業が活動している社会全体，あるいは資源を入手する市場や製品・サービスを販売する市場などの活動とお金の動きの関係についての学問が経済学である。経済学には，社会全体を対象とするマクロ経済学と，個々の市場を対象とするミクロ経済学がある。

　市場において行われる取引の種類が違えば，取引の仕方も変わる。取引関係を深く研究し，取引の性質に応じた固有の論理を探る学問が商学である。

　先に示した4領域を中核として，経営学は会計学，商学，経済学などの内容

図表2-4　経営学の広がり

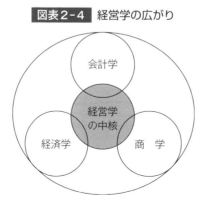

も含むように広がっている。お金の動きについて記録し，分析する知識，多様な取引の特性についての知識，多様な市場の特性についての知識，そうした隣接学問の内容も経営学の大切な内容である。

4．経営学を学ぶ

　複雑な現実を単純に記述あるいは解釈した理論を整合的に関係づけたまとまりが学問であり，私たちが生きている社会に関する理論的な知識の体系が社会科学である。経営学をはじめとして，経済学や商学，法学などがある。

　経営学も含めた社会科学はいわば，さまざまな社会現象を理解するために使われる『メガネ』のようなものである。近視用のメガネや老眼鏡，サングラスなどをかけ替えれば周りの見え方が変わるように，社会科学のさまざまな知識の体系を使い分ければ，社会で起きている現象の見え方が変わる。見え方が変われば，発見される問題が変わり，問題に対する答えも変わってくる。例えば，戦略論と人事管理理論では人の扱い方が異なっている。戦略論では働く人々の感情はそれほど重要ではないが，人事管理理論では働く人々の感情は重要である。

　とは言え，メガネを簡単にかけ替えられるのとは違い，社会科学のさまざまな理論を自由に使い分けるのは容易ではない。経営学だけでなく，経済学，商学など幅広く社会科学をしっかり学ぶことによって，社会を見るための多様な『メガネ』を手に入れて，それを使い分けられるようにしなければならない。

企業と会社

Key Words

企業と会社の違い，株式会社，有限責任，無限責任，会社機関，株式，
コーポレート・ガバナンス，企業統治

1．企業・会社とは何か？

　私たちの生活は，市場を通じて入手されるモノ・サービスを抜きにして継続することは困難である。本章ではこれらを提供する企業・会社について学ぶ。

(1)　経済の担い手としての企業・会社

　私たちは「豊かな社会」に生きている。日本では，第二次世界大戦後，国の豊かさを示す指標の１つである国民総生産（GNP：Gross National Product）が世界第２位にまで上昇し，現在ではアメリカ，中国に次ぐ３位にある。昭和30年代には，テレビ，洗濯機，冷蔵庫を三種の神器と呼び，揃えることが夢とされたが，テレビ（モノクロ）は1964年に，洗濯機は1970年，冷蔵庫は1971年に普及率が90%を超えた。また，３Cと呼ばれた乗用車（Car），クーラー，カラーテレビを揃えるという夢も，必要な家庭にはほぼ普及したといっていい状況になった。モノが行き渡り，現在では，さまざまな情報・サービスなどが普及し，私たちの生活をより豊かなものとしてきている。

　この豊かな社会の担い手となっているのが，企業や会社と呼ばれるものである。私たちの多くはそこで働き，給与等の金銭を得て，企業や会社が提供する財・サービスを購入している。企業や会社と呼ばれるものにはさまざまな規模のものが存在するが，その中でも経済に大きな影響を及ぼしているのは大企業

である。財務省の平成30年度法人企業統計結果（令和元年9月発表）によれば，資本金10億円以上の企業は2,815,711社中5,026社（0.17％）である。この1％にも満たない企業が，38.41％の売上高，57.48％の利益（経常利益）をあげている。この影響は国内のみにとどまらず，グローバル化した今日の社会では世界各国にも及んでいる。

(2) 企業と会社

　企業は，社会的機能に基づいて定義されることが多く，継続的に一定の管理のもとで計画的にモノやサービスを提供する事業を行う組織体を指す。これに対して会社は法律的な考え方で，営利を目的として事業を営む社団法人を指す。社団とは，団体として組織機構を備えたものを指す。営利（営利性）とは，利益をあげ，それを分配することを指す。法人（法人格）とは，組織体が人とは別に独立した権利主体であることを意味する。会社とは，利益を上げ，その分配を行うことを目的として事業を営む法人格を有する組織体ということになる。

　企業は会社よりも広い範囲を対象とする。例えば，鉄道，バスなどのような公共交通機関に関する事業体，国有林野事業などのような政府直営の事業，造幣局や各種公庫・公団などは，必ずしも利益を目的としていないため会社には含まれないが，企業に含まれ，公企業と呼ばれる。また，会社登記等の法的手続きを伴わないで営まれる個人経営の商店などは，法人格を有しないため会社には含まれず，企業に含まれ，個人企業と呼ばれる。

　経営学の主な対象は私企業である。一般的に私企業は，個人企業から始まったとされる。個人企業では企業の資金準備と管理の責任を負う個人の技量，資金力などの制約から，拡大が難しい。2人以上が出資し，共同で事業を始めた場合であっても，会社登記の手続きが行われない場合には，民法組合にしかなりえず，独立性が付与されない。会社の形態をとらない限り，企業は個人の範囲を超えて組織として拡大していく可能性を得られないのである。

2．会社制度

(1)　さまざまな会社制度
2006年以前，合名会社，合資会社，株式会社が商法により定められ，これ以外に，有限会社法で定められた有限会社，保険業法により定められた相互会社が設立可能であった。

(i)　合名会社
合名会社は複数の出資者が無限責任を負い，共同で経営する会社形態である。無限責任とは，会社が倒産する，あるいは，会社の資産では補いきれないほどの債権の返済に迫られるなどの場合に，出資者が私的な財産を用いてまでそれらを充たす責任を指す。

企業が会社となったとき，「持分」という考え方が出てくる。会社の財産と個人の財産とを分けて理解する必要があるからである。持分とは会社財産の所有権およびそれに対する請求権を指す。合名会社ではこの持分の譲渡は可能であるものの，全出資者の同意が必要である。

(ii)　合資会社
合名会社よりも出資者を多く募るべく，有限責任の考え方を一部に取り入れたのが合資会社である。有限責任とは，会社の資産では補いきれないほどの債権の返済に迫られても，出資額までしかその返済に責任を持たなくてもよいことを指す。出資者には有限責任の者と無限責任の者とが存在し，無限責任の出資者が経営を担う。持分の譲渡は，無限責任の出資者では全出資者の承認，有限責任の出資者では無限責任の出資者の承認を必要とする。

(iii)　株式会社
合資会社は，有限責任の考え方を取り入れたことにより，合名会社よりも拡大可能性を持つものの，経営を担う無限責任の出資者への信頼が課題となり，この拡大可能性には制約がかかる。株式会社では，この信頼を担保するのは持

分の証券化と会社機関である。出資者は，他の出資者や経営者等との人間関係に依存せず，持分である株式の譲渡を自由に行うことができる。

(ⅳ)　特例有限会社

新たに有限会社の設立はできなくなったが，2006年以前に設立された有限会社について有限会社を名乗ることが認められている。有限会社は株式会社の小規模事業向けのものであるため，会計監査義務がない，取締役会の任期制限がない等の運営上の制約が少なく設定されている。法律上は特殊な株式会社として位置づけられ，特例有限会社と呼ばれて存続している。

(2)　株式会社制度

2006年に施行された新会社法において，株式会社の最低資本金制度が撤廃された。設立可能な4形態のうち，合名会社，合資会社，合同会社は，株式会社と区別される形で，持分会社と呼ばれ，特に株式会社の慎重な運営が求められている。

(ⅰ)　株式会社における持分の証券化と有限責任原則

株式会社には三大特徴と呼ばれるものがある。第一の特徴は，持分の証券化である。事業の投資には多くのリスクがつきまとうが，証券化されているため，その事業に見切りをつけた場合には持分の売買が可能であり，投資への心理的な障壁が低い。第二の特徴である有限責任を原則と相まって投資を促進する。有限責任原則は投資家のみならず経営者のリスク軽減にも寄与する。持分の証券化は，投資の少額化にもつながっている。これらの結果，企業は短期的資金を募る，あるいは多額の資本を募ることが可能となる。そして，経済活動に組み込まれなかった資金が経済活動に組み込まれていく。経営者の起業も後押しするため，経済全体の活性化にもつながる。

(ⅱ)　株式会社における会社機関の設置

株式会社の第三の特徴として，会社機関の設置がある。出資者が多くなればなるほど経営を預かる者と資金を出す者との間での信頼関係維持と利害調整が

必要となる。この調整に関わってくるのが会社機関である。どういった会社機関を設置するかは，監査役会設置会社か指名委員会等設置会社か，監査等委員会設置会社かによって，また，大会社であるか否か，公開会社か非公開会社かにより異なるものの，「機関設計自由の原則」が貫かれている（**図表3-2**）。

(iii)　監査役会設置会社

　監査役設置会社は日本で長らく用いられてきた会社形態である。この会社形態では株主総会，取締役会，監査役会の3つの機関が必置となる（**図表3-1**）。株主総会は1株1票の原則で成り立つ株主の議決の場であり，最高意思決定機関である。定款の変更や監査等の重要事項，取締役や監査役の人事，役員報酬，決算書や利益配当の決定が行われる。取締役会は取締役から構成され，代表取締役の選任と解任，管理職等の人事，業務意思決定と代表取締役の監督を行う。監査役会は3人以上の監査役から構成され，その過半数を社外監査役から構成することが義務づけられた機関である。代表取締役の業務執行を株主の利益との合致という観点からチェックする機関である。

　監査役設置会社も存在するが，これは1名の監査役がいればよく，監査役会を置く必要のない非公開会社や大会社以外の株式会社で，後述の指名委員会等設置会社以外を指す。

(iv)　指名委員会等設置会社

　指名委員会等設置会社は株主総会，取締役会，3委員会（指名委員会，監査委員会，報酬委員会），執行役，会計監査人から構成される。取締役会の中に3委員会を設置し，執行役を設置する点が監査役会設置会社と異なる。3委員会はそれぞれ，過半数を社外取締役から構成する3人以上の委員から構成される。委員会各々の役割として，指名委員会は取締役の選任・解任に関する株主総会議案決定，監査委員会は執行役と取締役の職務監査，報酬委員会は役員報酬の決定を担う。執行役は業務執行を担い，取締役は経営の基本的事項の決定と執行の監督を担う。執行役および代表権を持つ代表執行役は，取締役会により任免され，職務執行の監督をうけ，監査委員会により監査を受ける。

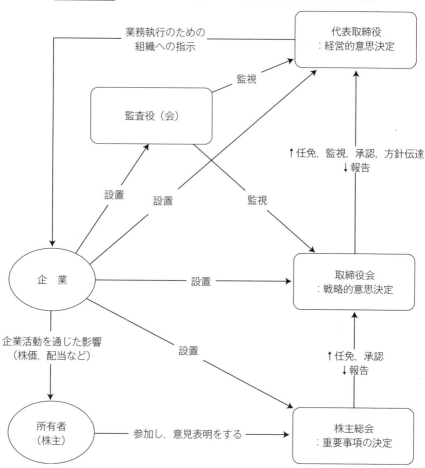

図表3-1　監査役会設置会社および監査役設置会社の会社機関

（ｖ）　**監査等委員会設置会社**

　監査等委員会設置会社は2014年の改正会社法により設立可能となった。監査役の代わりに監査等委員会が設置される。この委員は取締役であることから取締役会への参加が可能であり，監査の実効性を保つことができる。また，指名委員会等設置会社では3つ必要であった委員会を1つで済ますことができるため委員会に含む必要のある社外取締役の確保が容易となる。世界標準となりつつある委員会設置を伴う会社形態として，また，現実的な形態として注目され

ている。

(vi) 新会社法における株式会社の会社機関

新会社法で，すべての株式会社に必置機関となるのは，取締役会と株主総会である。**図表3-2**は会社機関のバリエーションを示した表である。

図表3-2の大会社とは，(1)資本金5億円以上，または，(2)負債額200億円以上のどちらかの基準を満たす会社を指す。公開会社では会社の承認を得ずに株

図表3-2 株式会社の設置機関

大会社か否か	公開会社か否か	設　置　機　関
大会社	公開会社	株主総会，取締役会，監査役会，会計監査人
		株主総会，取締役会，三委員会，会計監査人
		株主総会，取締役会，監査等委員会，会計監査人
	公開会社ではない会社	株主総会，取締役，監査役，会計監査人
		株主総会，取締役会，監査役，会計監査人
		株主総会，取締役会，監査役会，会計監査人
		株主総会，取締役会，三委員会，会計監査人
		株主総会，取締役会，監査等委員会，会計監査人
大会社以外の会社	公開会社	株主総会，取締役会，監査役
		株主総会，取締役会，監査役会
		株主総会，取締役会，監査役，会計監査人
		株主総会，取締役会，監査役会，会計監査人
		株主総会，取締役会，三委員会，会計監査人
		株主総会，取締役会，監査等委員会，会計監査人
	公開会社ではない会社	株主総会，取締役
		株主総会，取締役，監査役
		株主総会，取締役，監査役，会計監査人
		株主総会，取締役会，会計参与
		株主総会，取締役会，監査役
		株主総会，取締役会，監査役会
		株主総会，取締役会，監査役，会計監査人
		株主総会，取締役会，監査役会，会計監査人
		株主総会，取締役会，三委員会，会計監査人
		株主総会，取締役会，監査等委員会，会計監査人

式を売買でき，そうでない場合には定款の定めにより会社の承認が必要となる。

3．コーポレート・ガバナンス

　株式会社をめぐる問題にコーポレート・ガバナンス（Corporate Governance：企業統治）と呼ばれる古くて新しい問題がある。

(1)　コーポレート・ガバナンスとは何か？

(i)　所有と支配の分離

　株式会社では大規模化するに伴い，所有と支配の分離が進むといわれている。バーリ・ミーンズ［1932］は『現代株式会社と私有財産』において，株式会社が大規模化するにつれ，所有と支配が分離していく傾向があることを示した。一般的に所有することと支配することは，切っても切り離せない関係にある。所有物から得られる利便性を得る権利や廃棄や譲渡の決定権はその所有者にある。そういった権利を持つ状態を支配と呼ぶ。バーリ・ミーンズは所有と結びつかない支配は慎重な管理をもたらさないとして警鐘を鳴らしたのである。

　無限責任を原則とする会社においては，資金提供者（所有者）と経営者（支配者）は一致している。これに対し，「所有と支配の分離」現象下では，経営を担うのは，所有者としての株主とは限らず，経営の専門知識を持つ専門経営者となる。所有は所有者が担い，支配は経営者が担う経営者支配と呼ばれる状況となり，所有と支配が分離する。経営者が所有者の利害に合った経営をしているうちはいいが，経営者自身の利益のみを追求し，怠慢経営に陥る危険性がある。経営者支配の状況下で，会社機関が果たすべきチェック機能を発揮できるかが議論され，今日の企業統治の議論へとつながっている。

(ii)　コーポレート・ガバナンス（企業統治）

　経営が事業を効率よく，安定的に行うための言葉とすれば，企業統治は，経営者支配を前提に会社の経営と経営者の方向付けるときに用いる言葉である。株式会社機関，資本市場，株主と経営者との力関係，株主以外の関係者と経営者との関係などを視野に収め，企業の関係者間で意見調整をし，好ましい企業

のあり方について決める，あるいは規律付けていくのが企業統治である。

　企業統治の問題領域の1つは「企業は誰のものか？」に関わっている。実際に企業の支配に関わっているのは誰なのかを実態として理解し，その規律付けを検討しようとする。もう1つの大きな問題領域として「企業は誰のために経営されるべきか？」というものがある。経営の観点からこれらの問題に接近すれば，経営者に主眼がおかれ，関係者や法規制への対応をその手腕に委ねるいわば自治的な発想が貫かれる。これに対して企業統治の考え方では，経営的観点も求められるが，外部からみた健全性を確保するための「協治」の発想も求めることとなる。日本での企業統治の議論には自治志向で自らの意思決定を顧みることのなかった経営者が内輪の論理で粉飾決算や利益飛ばしを行い，好ましくない意思決定を行ってきたとの認識がその背後にはある。企業統治の議論では企業の舵取りを経営者だけに任せず，制度やシステムの力も借りて外部者とともに行うことが促されている。

(2)　コーポレート・ガバナンスをめぐる近年の動向

　安倍政権が2014年に閣議決定した「日本再興戦略改訂版」（新成長戦略）において，企業統治の強化がとりあげられた。この新成長戦略に前後する形でスチュワードシップ・コード（SSC：Stewardship Code）とコーポレート・ガバナンス・コード（CGC：Corporate Governance Code）が公表された。SSCとは，市場で大きな力を持つ機関投資家が守るべき自主規制である。機関投資家に，投資先企業との対話を行い，投資先企業の企業価値向上と持続的成長を促し，経済全体の成長につながる責任ある投資家として振る舞うことを求めている。同様に企業に求められるのがCGCの受け入れである。社外取締役複数人化，経営者の人事と報酬の監督，社外取締役活用の実効性確保などを求めている。どちらもコンプライ・オア・エクスプレイン（comply or explain）を原則とする原則主義の立場をとっている。もしコードに従わない場合には，理由を説明するように求めるソフト・ローである。時代の変化に合わせて今後も株式会社をめぐるルールは変更されていく可能性がある。私たちの生活を豊かにしてきた会社を育んでいくためにもその動向には注意を払いたいところである。

第 **4** 章

会社の目標と利益

Key Words

営利企業，利益，効用，資本コスト

1．会社の目標

⑴　企業が持つさまざまな目標

　企業はどのような具体的な目標を持って経営活動を行っているのだろうか。まずは，各企業が企業目標のシンボルのようなものとして，企業理念や経営理念というものを公表しているので，トヨタの企業理念を見てみよう。

　トヨタの企業理念から，トヨタがどのような目標を持っているかをまとめると，国際社会から信頼され，経済・社会の発展や豊かな環境づくりに貢献し，顧客満足度の高い製品・サービスの提供をし，良い職場環境，企業風土を構築し，社会や他の企業ともに成長し，共存共栄していくといったところであろう。これら企業理念は，比較的，長期的視野に立ったものであるが，短期的な目標としては，トヨタの例ではないが，マーケット・シェアを何十%にするとか，売上を何割増加させるなどといったような目標もあるだろう。

　企業が経営活動を行うのに，まず必要なものは資金，つまりお金である。お金がなければ，機械や材料を買うこともできず，従業員を雇うこともできないのである。企業は設立する段階で，株式を発行して資金を調達し，不足分があれば借入れを行い，経営資源へ投資し，経営活動を行う。その後，経営活動を継続的に行っていくためには，投資した資金を回収しなければならない。つまり，利益を稼がないことには，企業は持続できないということになる。しかし，

図表4-1 トヨタの企業理念

1. 内外の法およびその精神を遵守し，オープンでフェアな企業活動を通じて，国際社会から信頼される企業市民をめざす
2. 各国，各地域の文化，慣習を尊重し，地域に根ざした企業活動を通じて，経済・社会の発展に貢献する
3. クリーンで安全な商品の提供を使命とし，あらゆる企業活動を通じて，住みよい地球と豊かな社会づくりに取り組む
4. さまざまな分野での最先端技術の研究と開発に努め，世界中のお客様のご要望にお応えする魅力あふれる商品・サービスを提供する
5. 労使相互信頼・責任を基本に，個人の創造力とチームワークの強みを最大限に高める企業風土をつくる
6. グローバルで革新的な経営により，社会との調和ある成長をめざす
7. 開かれた取引関係を基本に，互いに研究と創造に努め，長期安定的な成長と共存共栄を実現する

出所：トヨタHPより。
(https://global.toyota/jp/company/vision-and-philosophy/guiding-principles)

トヨタの企業理念に利益を稼ぐといった意味合いのことは書かれていない。それは，なぜだろう。

(2) 会社の定義……営利目的

そもそも，会社，企業とはどのようなものであるかというと，会社法に基づいて設立される営利を目的とする社団法人のことである。つまり，会社の根本的な目的は"営利"である。この"営利"とは，財産上の利益を得る目的をもって活動することをいう。つまり，会社の目的は利益を稼ぐことであると会社法で定められているため，各企業は「営利が目的です」とは，わかりきったことなのでわざわざ記さないのである。

先ほどのトヨタの企業理念をよく考察すると，どれも利益を稼ぐうえで重要なことだとわかる。もし，企業がフェアではない活動をし，地域の特性を無視し，公害など環境を傷つけることを気にせず，いわゆるブラック企業的な労動環境で従業員を使って経営すれば，短期的には利益を稼ぐことができるだろう。しかし，徐々に信頼を失い，環境や労使間関係が破綻してしまい，取引はうまくいかなくなり，しだいに利益を稼ぐことができなくなり，経営活動が行えな

くなってしまうのである。

2．利益とは

　そもそも，利益とはどのような概念であるのだろうか。そこで，経済社会を分析する学問は経済学から始まっていると言えるので，その経済学における定義をみて，その後，現実の経済社会で数値として利益を算出している会計における利益について考察しよう。

(1)　経済学における利益概念と２通りの利益の計算方法

　企業にあてはめれば，期首（１期間の最初の日のことをいう[1]）の財産額を期末（１期間の最後の日のことをいう。決算日ともいう）の財産額から差し引いて利益は算出される。なお，この利益計算の方法を財産法という。

　数値で見ると，企業の期首の財産が1,000億円で，期末に1,100億円だった場合，利益は100億円ということになる。ただし，この計算方法の難点は，なぜ利益が生じたかの原因がわからないことである。

　そこで，利益の原因から考えてみる。１年間の企業経営において，売上などで900億円の収入（または収益[2]）があり，その一方で仕入原価や人件費で800億円の支出（または費用[2]）が生じたとする。期首の財産額1,000億円に収入900億円を加算し，支出800億円を差し引くと，期末の1,100億円となる。つまり，

図表4-2　２通りの利益の計算方法

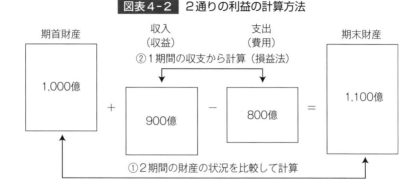

収入（収益）から支出（費用）を差し引いても利益は求めることができる。この利益計算方法を損益法という。損益法により，なぜ儲かったのか（あるいは損したのか）の原因を明らかにすることができる。

(2)　会計と利益

　会計では，利益は財務諸表（**図表4-3**参照）というものに表示される。主たる財務諸表には，期末の財産の状況を示す貸借対照表と，収益から費用を差し引いて利益を計算する損益計算書の2つがある。損益計算書において，企業の利益の原因が記され，企業の一期間の経営成績が示される。

図表4-3　財務諸表

貸借対照表			
	流動資産	流動負債	
資産	固定資産	固定負債	負債
	株主資本		純資産
	その他の資産	その他の純資産	

損益計算書	
費　用	収　益
利　益	

(3)　実際の損益計算書

　起業の経営活動が複雑になると，さまざまな収入（収益）や支出（費用）が生じる。**図表4-3**右の損益計算書は勘定式損益計算書と呼ばれ，企業全体の利益の把握にはよいが，活動ごとに利益がどの程度稼げているかを把握しにくい。そこで，報告式損益計算書と呼ばれる，活動ごとに詳細に記載したものを作成，開示している。**例4-1**の数値例に基づき，損益計算書を作成すると**図表4-4**のようになる。

例4-1

　自動車製造販売を本業とするA社における，当期のすべての経営活動の結果は次の通りであった。

　　　・車の売上高　　　：500万円　・販売した車の製造コスト：400万円

　　　・販売員の給料　　 20万円　・広告料　　　　　　　：　5万円

　　　・預金利息の受取：　2万円　・借入金利息の支払い　 ：　3万円

　　　・地震による損失：　10万円　・法人税などの税金の支払：　20万円

図表4-4 報告式損益計算書[3]

収益→	Ⅰ売上高		5,000,000	
費用→	Ⅱ売上原価		4,000,000	
利益→		売上総利益	1,000,000	本業の活動の数値
費用→	Ⅲ販売費及び一般管理費		250,000	
利益→		営業利益	750,000	
収益→	Ⅳ営業外収益		20,000	
費用→	Ⅴ営業外費用		30,000	本業外の継続的な活動の数値
利益→		経常利益	740,000	
収益→	Ⅵ特別利益		0	
費用→	Ⅶ特別損失		100,000	偶発的，非継続的活動の数値
費用→		法人税等	200,000	
利益→		当期純利益	440,000	

3．活動ごとの利益とその目標

(1)　売上総利益

　最初に表示される利益は売上総利益である。一般に"粗利益"，"アラリ"と呼ばれるもので，モノやサービスの売上高から，商品や製造ないし仕入コストを引いて計算される。**例4-1**では売上高が500万円，その製造コスト（これが売上原価となる）が400万円であるので，売上総利益は100万円となる。つまり，売上総利益は"そのモノやサービスが利益を獲得した能力"を示している。

(2)　営業利益

　モノやサービスを販売するためには，販売員や営業担当の人件費や広告費，販売前の製品の保守管理などの費用が必要となる。企業本来の活動（これを営業活動という）をすべて含めて計算された利益を営業利益といい，企業の本業の経営成績を示す。

　なお，モノやサービスの販売に必要となった費用は，販売及び一般管理費と呼ばれ（例4-1では，販売員の給料（20万円）と広告料（5万円）が該当する），これを売上総利益から差し引いて営業利益を計算する。

(3)　経常利益

　企業では営業活動以外にも継続的に行う必要な活動があり，これを営業外活動という。それには主として，経営に必要な資金を調達する活動（財務活動，金融活動という）であり，主な営業活動における収益，費用としては，預金利息を受け取り，借金に関する利息の支払いがある。これらの営業外収益，費用を営業利益に加減算し，経常利益を計算する。この経常利益は，企業が通常の状況において必要な活動をすべて行った経営結果を表す。なお，日本では，この経常利益が重視される傾向にある[4]。

(4)　当期純利益

　企業経営を行っていると，台風や地震により損害を被ったり，損害保険が下りて儲けが出たりといった不測の事態に見舞われることもある。このような偶然生じた，利得や損失を特別利益，特別損失という。さらに，企業は各種の税金（法人税や住民税，事業税）を支払う必要がある。これらも企業の最終的な儲けに影響するので，経常利益に加減算し，最終的に当期純利益を求める。この当期純利益は，最終的な企業の実際の儲けを表すことになる。

4．企業にとっての利益の目標

　損益計算書ではさまざまな利益が表示されているが，企業はさまざまな視点でそれぞれの利益に対して目標をおいている。

(1)　当期純利益と経常利益

　株式会社は，株式を投資家に買ってもらって株主になってもらい，資金を調達して設立される。そのため，企業は株主のものと言える（なお，企業は誰のものであるかということはさまざまな議論がある）。もちろん，株主たちは無償で資金を提供しているわけではなく，自分たちのお金を企業の経営者に託して利益を稼いでもらい，そのうちの一部を資金提供の見返りとして分配してもらおうと考えている。なお，この分配金のことを配当という。

　株主たちは"配当はこのくらい欲しい"と考えており，これを（株主）資本コストという。そのため，企業の当期純利益の最低目標額は資本コストとなる。しかし，当期純利益は，予期できない偶然的な利得や損失を含むので予測が難しい。そこで，その前の経常利益の段階で，資本コストをカバーできるような経営を行うことが大切になる。

(2)　営業利益と売上総利益

　営業利益は企業の本業における活動の利益を表しているため，純粋な企業の経営成績といえる。そのため，企業が策定した経営計画の成否があらわれるのである。それゆえ，営業利益の目標値は，企業の経営計画によって定まる。

　例えば事業を拡張して，年5％の経営成績の向上を目標としているとしよう。1年後の営業利益が5％向上していれば，それは達成できていることとなる。

　売上総利益は，短期的に経営活動の途中で，経営成績の可否や経営目標の達成度を知りたい場合に用いられる。営業担当や販売店が「粗利」を気にすることがよくあるが，それは販売費及び一般管理費は一定期間を経過しないと算出しにくい項目があるため，営業利益は算出できないことがあり，便宜的に，売上総利益を用いるのである。

●注
　1　企業の1期間のことを，一般に会計期間という。
　2　一般に，収入と収益，および支出と費用は同じ金額ではない。経営活動と現金の出入りにはタイムラグがあるため，通常，経営活動の状況を優先した収益，費用の方を利

計算では用いる。例えば，モノを売ったときに来年度のボーナス一括後払いにした場合，収入は来年度になってしまう。しかし，売ったという経営活動は今年度の成果であるので，売上代金後払いでの売上額は今年度の収益としてカウントされる。

3　現在の会計基準のもとでの損益計算書では，当期純利益にその他の包括利益変動額を加減算して，包括利益という利益数値を最終的な利益数値としている。ただし，本書ではその説明は割愛するので，興味のある読者は参考文献（伊藤［2020］，斎藤［2016］など）を参照してほしい。

4　その理由の1つは，日本は間接金融（第10章参照）主体であることである。

第5章

企業の社会的責任

Key Words

CSR，企業権力，「権力・責任」均衡の法則，啓発された自利，
スチュワードシップ原則，チャリティ原則，CSRピラミッド，CSV

1．社会的制度としての企業

　企業は経済活動を担う組織としての役割を持つとともに，社会的な制度としての役割も持つ。この章では社会的な制度としての企業の社会的責任（Corporate Social Responsibility，以下CSR）について学ぶ。

⑴　さまざまな企業観

　企業は，モノやサービスを計画的に一定管理の下で継続的に提供する事業体である。企業をめぐり，1970年代には公害が問題視され，今日では，地球環境問題への対応やワークライフバランスの実現などモノやサービスの提供，利益獲得とその分配以外も期待されるに至っている。

　企業に対する見方や考え方を企業観と呼ぶ。この企業観は時代の変遷とともに変化してきているが，この変化に応じて企業に求められる期待も変化してきている。櫻井［1991］に従い，企業観の変遷を概観しよう。

⒤　伝統的企業観

　この企業観において，企業の経営者は市場競争と株主の支配力の制約をうける。企業は株価や配当などの株主の利益を最大化するための手段として理解される。企業にとって重要な経営環境は競争する市場である。市場は完全競争市

場であり，他社の状況や社会的な環境を意識する必要はなく，企業は利益最大化を狙う。櫻井はこの企業観を工業化が展開された初期の企業と経営環境の状況を反映した見方であるとしている。

(ii) 経営者的企業観

　企業が大規模化し，株主数が増大すると，所有と支配の分離傾向が出てくる。この状況下では，株主でなく専門知識を有し実際の経営にあたる経営者に支配力が移っていく。企業は株主の支配力の制約から一定程度まで解放されていることとなる。経営者的企業観では伝統的な企業観よりも株主の支配力を緩やかな制約としてとらえている。

　また，経営者的企業観では，企業が活動する市場を完全競争市場ではなく寡占市場ととらえている。完全競争市場では，個々の企業が市場に与えられる影響力はわずかであるのに対し，個々の企業が市場から受ける影響は大きくなる。しかし，この状況は企業が市場でのニーズに応え，より安い商品とサービスを提供するべく規模の経済性を追求していくことで変化する。規模の経済性を追求すると自ずと大規模な企業が生まれ，市場での優位性を発揮する。その結果，少ない大企業が市場を席巻することとなる。こういった市場を寡占市場と呼び，数少ない企業を寡占企業と呼ぶが，寡占企業には寡占企業間での競争圧力はあるものの，市場からの圧力は比較的小さなものとなる。そして寡占企業が市場に対して持つ影響力は大きく見積もられることとなる。

　企業の大規模化に伴う所有と支配の分離と寡占市場化の進行は寡占企業の経営者の自由裁量を拡大する。企業は所有者の利益最大化ではなく，経営者の報酬，地位，権力，威信などの効用最大化のために存在すると理解される。櫻井はこの企業観を資本主義経済社会の実態を反映したものと指摘しつつ，発展の過程でみられるものであるとしている。

(iii) 社会的企業観

　企業が大規模化し，社会への影響力を増すにつれて，市場以外の要因としての社会的な環境にも適応する必要性が出てくる。経営環境のさまざまな主体である利害関係者，利害関係集団が企業の制約要因として力を増し，経営者の自

由裁量を制限するように働きかけるようになってくるためである。企業は，所有者や経営者といった単一の利害関係者のためではなく，複数の利害関係者のために存在すると理解されるようになっていく。経営者はこの複数の利害関係を調整する機能を担うこととなる。

　経営者的企業観においては，社会的な環境が意識されるものの，あくまで経営者の観点からの意識が主であり，利害関係者からの働きかけは大きく見積もられない。櫻井はこの企業観を経営者的企業観の段階を経た大企業が，さらに社会へ適応しようとする際に見られるものであるとしている。

(ⅳ)　社会経済的企業観

　社会経済的企業観は基本的には社会的企業観と似通った企業観である。2つの企業観の相違点は，社会的企業観が企業の社会的な適応を強調するのに対し，社会経済的企業観では，ここにあらためて競争市場への適応という次元を加える点にある。

　今日の社会では経済の自由化を通じ，有効な競争を引き起こし，経済活性化につなげる動向がみられる。また，グローバル化の進展に伴う国際的な合併や提携などによる寡占企業間での競争の激化が進んでいる。社会的企業観においては，強く意識されることがなかった市場競争が企業に大きな影響を持ち，そこに対応することが期待されている。伝統的企業観でも市場競争は強く意識されるが，社会経済的企業に求められる市場適応は，短期的なものではなく，長期的なものである。株主のみならず多くの関係者のために存在する企業は短期利益を追求するだけでは不十分だからである。櫻井はこの企業観は多様性をはらむものとしつつ，今日の企業について考える時に最も適したものであるとしている。

(2)　社会的制度としての企業と企業の社会的責任

　森本［1994］は，制度を「一定の目的をもち，一定の意思と行為準則に規制された行動を営む継続的事業体」とし，今日の企業が社会的制度の性格を有するようになってきたと指摘する。企業は利害関係者と相互作用関係を持ち，相互に理解し合い，充足し合う関係を営み，企業自身の利益と多様な利害関係者

図表5-1 企業観の特徴

	想定される市場	支配的影響力	企業の目的	企業の性質
伝統的企業観	完全競争市場	所有者・市場	所有者の利益追求	—
経営者的企業観	寡占市場	経営者	経営者の効用追求	
社会的企業観		経営者・社会	社会の利益	制度的企業
社会経済的 企業観		経営者・社会・市場	社会の利益と 企業の存続	

の利益を調和的に追求する。今日の企業は，株主，経営者といった単独の利害関係者の利益や効用を最大化するものではなく，多様な利害関係者の用具として理解されることとなる。**図表5-1**のように社会的企業観と社会経済的企業観はともに，この社会的制度としての企業モデルを前提に展開されている。

　利害関係者は自らの期待を充足するために企業に働きかけを行う。この働きかけは利害関係者の組織化を通じ，より大きな影響力を持つようになり，企業はこれを無視することができなくなっていく。企業は利害関係者とその総体としての社会の期待に応えることが必要となり，その期待に応えることがCSRとなる。伝統的企業観に基づくCSRはきわめて限定的で，所有者の期待の充足に関わるものが主であった。経営者的企業観に基づくCSRは伝統的企業観よりも多様な利害関係者の期待を意識はするものの，利害関係者の対抗力が弱いが故に限定的であり，より経営者の裁量に委ねられるものであった。社会的制度としての性格を有する企業には，長期的に存続，成長を遂げるために，市場での経済活動だけではなく多様な利害関係者への理解と期待への対応としてCSRの理解と遂行が必要となる。

3．企業の社会的責任の性質

(1)　権力と責任のバランス

　CSRの基本的な発想を理解するためには，企業の権力の考え方について整理する必要がある。まず，権力の定義を他者の意思と行動を左右する力と定義する。企業の提供するモノとサービスを使用することで私たちは生活しており，企業で働くことにより私たちの多くは賃金を得ている。企業が開発し生み出す

ものにより私たちの生活の水準やスタイルは大きく変わり，大半の時間を企業で過ごす者にとって企業での働き方は重要なものとなる。このように企業は私たちの生活や社会に多大なる権力を持っている。

　企業が権力を行使するときには，同時に責任の受け入れが必要となる。ここでの責任とは自発的に受け入れ，達成しなければならない任務を指す。Davis［1960］は権力・責任均衡の鉄則の考え方を提唱している。企業にはその権力に見合った責任が存在するという考え方である。

　権力と責任のバランスがとれないときに起こりうる帰結は2つある。第一の帰結は，縮小均衡である。責任の受け入れに消極的で権力よりも過小な責任を遂行する権力体の場合，その権力は責任のレベルまで縮小し，バランスが計られる。権力の縮小は利害関係者からの不信，反発や離反により生じる。第二の想定は拡大均衡である。責任の受け入れに積極的で，権力と比して大きな責任を遂行する権力体の場合，その権力は責任のレベルまで拡大し，バランスが計られる。

(2)　肯定論と否定論

　CSRの縮小均衡と拡大均衡をめぐり，CSR肯定論と否定論の議論が古くからなされてきた。フリードマンに代表されるCSR否定論の主張では企業の責任内容を伝統的企業観に基づく株主に対する経済的責任に限定される。企業と関係者の間にはさまざまな問題が生じうるが，それらの調整は政府が行うべきであるとする。否定論の主張の論拠は，(1)市場メカニズムを信頼する方が社会全体で効率的である，(2)企業は社会問題の専門的能力はなく，企業には社会を調整する政治的合法性は存在しない，(3)企業が社会文化領域をはじめとする非経済的な領域にまで権力を拡大することは好ましくないという3つに集約される。

　これに対して，CSR肯定論の主張では，社会的企業観，社会経済的企業観に基づき，社会的制度としてのより広い責任受け入れを促す。その論拠は，(1)外部不経済が存在する，(2)法律制定や政府対応までにタイムラグが存在する，(3)法律制定後も企業の裁量が最終的に残るという3つに集約される。

　肯定論も否定論もともに企業が社会に権力を行使している現状を認めている。異なるのは，否定論が無秩序な権力拡大を抑制し，本来の経済的機能に特化さ

せようとするのに対して，肯定論がすでに保有されている企業の権力に注目し，それを活用しようとしている点である。否定論は，無秩序な権力拡大を防ぐという観点から縮小均衡を想定し，肯定論は現状および現実妥当性の観点から拡大均衡を想定している。

⑶　2つの原則とCSRピラミッド

　CSRには，2つの原則がある。スチュワードシップ原則（stewardship principle）とチャリティ原則（charity principle）である。スチュワードシップ原則では，企業権力を社会から委託されたものと捉え，それを株主だけでなく，社会全体の利益になるように用いなければならないとする。経営者には企業が保有する権力を適正に行使し，社会の主体である利害関係者の利害を調和し，利益を増進させることが求められる。企業が獲得する利益として，啓発された自利（enlightened self-interest）が求められることとなる。啓発された自利とは，直接に自己利益（自利）を追求するのではなく，社会の利益を充足した結果として追求される自らの利益を指す。

　チャリティ原則は，「社会の富を持つ人間は恵まれない人間に貢献しなければならない」という考え方で，社会貢献などが具体的な内容となる。

　CSRの内容は，経済的責任，法的責任，倫理的責任，社会貢献責任の4つの次元で理解される。この4つは**図表5-2**のようなピラミッドとして描かれる。経済的責任は，寡占市場において適正な活動を行う責任を指す。社会にとって必要なモノ・サービスを，企業と社会の双方が認める価格で販売することを指す。欠陥商品の販売等は社会に必要となっていない点で，カルテルや売り惜しみに基づく価格吊り上げはこの価格設定面で責任を果たしきれない行為となる。また，企業倒産は企業の維持ができていない点で責任を果たしたこととならない。

　法的責任は法律を基準にした責任であり，倫理的責任は明文化されていない社会規範をも基準に責任を考えるものである。法律の制定は後追い的な性質を持ち，法律化されていなくとも遵守されるべき規範は数多く存在する。社会で受け入れられる道徳的正しさを追求することから倫理的責任は道徳的責任，道義的責任とも呼ばれる。

　社会貢献責任は，自発的に企業が社会の望む役割を遂行する責任である。企

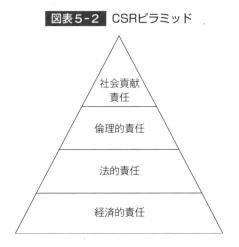

図表5-2 CSRピラミッド

業の寄付や芸術支援などの活動がここに含まれる。倫理的責任の次元では，責任を拒否することで非倫理的な企業との批判を受けることとなるが，社会貢献責任は遂行しない企業が批判の対象となるとは限らない。権力・責任の拡大均衡に結びつく可能性が高い次元の責任である。

　これら4つの次元の責任の線引きは時代，地域などにより異なることとなる。例えば，企業の寄付活動は基本的には社会貢献責任であるが，寄付ランキングの公表がなされると，倫理的責任として社会にその良否を問われるものとなる。環境問題への対応は，倫理的責任や社会貢献責任の性格を持つが，社会での要望が高まりをうけ，立法化され，法的責任にも含まれるようになっていく。

(4)　企業とステークホルダー

　CSRにおける「社会」を理解する近年の試みにステークホルダー・アプローチがある。ステークホルダー（stakeholder）とは，利害関係者と訳される。狭義のステークホルダーと広義のステークホルダーに分けられ，定義づけられる。狭義のステークホルダーとは，企業の存続と成長に必要な個人とグループを指し，従業員，顧客，株主，取引先等を指す。広義のステークホルダーは企業に影響を与えることができる，または企業から影響を受けるグループを指し，狭義のステークホルダー以外に地域社会，一般公共などを指す。

　ステークホルダー・アプローチでは，社会はステークホルダーから構成されていると捉える。各ステークホルダーの期待と権利を分析し，それらの調和を図りつつ，全体利益を増進させる経営手法をステークホルダー・マネジメントと呼ぶ。ステークホルダー・アプローチを採ることによって，より経営的な発想からCSRに接近できることとなる。

4．企業の社会的責任をめぐる動向

(1) 規格化，ガイドライン

　CSRは，基本的には自発的な営みである。今日の企業の多くは自らのCSRの遂行状況をCSRレポートという報告書で社会に公開し，その良否を問うようになってきている。金融市場では投資家が自らの社会的役割を意識し，企業の社会的責任の遂行状況を視野に収めた銘柄選択を行うようになってきている。企業の社会的責任の状況に注目するSRI（Socially Responsible Investment）や環境（Environment），社会（Society），ガバナンス（Governance）に注目するESG投資などがこの動向である。これらの動向に企業は自発的に応えることによって自らの利益を獲得するよう努めている。

　他方で，企業の外部者によるCSRの規格化，ガイドラインの策定動向が見られるようになってきている。国連グローバルコンパクトでは，企業などの団体が責任ある創造的なリーダーシップを発揮すべきとし，人権，労働，環境，腐敗防止の4分野で10原則の遵守が求められている。また2015年に国連サミットで採択された持続可能な開発目標（Sustainable Development Goals：SDGs）では17の目標と169のターゲットが設定され，より広範囲にわたるCSRに関する目標が示されている。さらに，ISO26000では7つの原則と36の課題が示され，CSRの遂行にステークホルダーの参画を推奨している。

　国連グローバルコンパクト，SDGs，ISO26000のどれも企業に強制されるものではない。国連グローバルコンパクトは，賛同し，署名することで効力を発揮するものであり，ISO26000もISO9001やISO14001のような第三者認証規格ではなく，推奨事項が示された手引き文書といった性質を持つガイダンス規格となっている。企業の自発的なCSRの取り組みの方向性が示されたものである。

今日の社会ではグローバル化の進展等のさまざまな要因のため，企業が自らの権力の行使状況を確認しきれるとは限らない。世界的なサプライチェーンの下で生産される商品を私たちは使用しているが，「どこで」「どのようにして」「だれが」関わってきたかを意識することはない。ガイドラインや規格で示されることにより，この点について考える機会が得られ，CSRを洗練できるのである。

⑵　CSV

近年，地球規模の社会的課題が深刻化している。環境問題，紛争，格差拡大，児童労働などさまざまな問題が話題となっている。企業は本来，社会に役立つ商品やサービスを開発し，製造することを通じて，維持，成長してきた組織であるが，それらの社会課題への対応は必ずしも容易ではない。チャリティ原則は善行的なものであり，見返りを要求しないため，企業が本格的に社会課題に立ち向かう駆動力とはならない。スチュワードシップ原則は受託者として権力を適正行使することとなるので受け身的な対応を想定させる。

マイケル・ポーター［2011］が提唱するCSV（Creating Shared Value）は企業価値と社会価値を同時的に創造しようとする試みである。社会的課題の解消を目的とするビジネスとしての性質を持つが，チャリティ原則に基づく社会貢献と本業を統合しようとする試みである点で異なる。企業の善行として社会課題の解決と企業活動の駆動力となる競争力強化を同時に達成することを通じて企業の更なる発展を狙う試みである。

NPOがさまざまな領域で活動するようになってきている。社会課題のいくつかの領域において企業よりもNPOの方が多くの知識と経験を保有している。CSVを達成しようとするときにそういったNPOとパートナーシップを結び，学びあうことも重要である。NPOと企業とは組織としての性質が異なることから，相互の理解に時間をかけて，真の信頼関係を築いていく必要がある。

第Ⅱ部

企業活動を管理する

第Ⅱ部をより深く学ぶための参考文献

第6章　経営資源と管理
　塩次喜代明／小林敏男／高橋伸夫［2009］『経営管理』有斐閣
　E. T. ペンローズ（日高千景訳）［2010］『企業成長の理論（第三版)』ダイヤモンド社

第7章　売る活動の管理
　P. コトラー／G. アームストロング／恩藏直人（上川典子／丸田素子訳）［2014］『コトラー，アームストロング，恩藏のマーケティング原理』丸善出版

第8章　つくる活動の管理
　藤本隆宏［2001］『生産マネジメント入門〈1〉生産システム編』日本経済新聞社
　藤本隆宏［2001］『生産マネジメント入門〈2〉生産資源・技術管理編』日本経済新聞社

第9章　働く人の管理
　難波功士［2013］『社会学ウシジマくん』人文書院
　渡辺三枝子編著［2018］『新版 キャリアの心理学（第2版)』ナカニシヤ出版

第10章　お金の管理
　P. L. バーンスタイン（青山護／山口勝業訳）［2006］『証券投資の思想革命—ウォール街を変えたノーベル賞経済学者たち』東洋経済新報社
　S. H. ペンマン（杉本徳栄他訳）［2005］『財務諸表分析と証券評価』

経営資源と管理

Key Words

経営管理，管理過程，人的資源，物的資源，財務的資源，情報的資源

1．経営資源の種類

　本章では，多くの会社や組織が保有する基本的な経営資源の管理について説明する。例えば，個人でも運動や趣味，旅行など諸活動を円滑に行うためには管理が必要になる。なぜなら管理がうまくできていないと，頑張ったため疲れ過ぎて倒れたり，道具の破損などのために十分に楽しむことができなかったり，最後までやり遂げるだけの資金が足らなかったりすることもあるからである。会社の経営においても経営資源の管理は非常に大切である。経営資源は主に次の４つに分類される。それは，「ヒト（人的資源）」「モノ（物的資源）」「カネ（財務的資源）」そして「情報（情報的資源）」の４つである。

(1) 人的資源

　人的資源とは，端的に言えば，会社や組織を構成するメンバーである「ヒト（人間）」のことである。上林［2012］によれば，人的資源は，その他の経営資源とは異なり，次のような３つの固有の特徴を持つという。第一に，ヒトは経営資源の中で最も基本的かつ重要なものである。どんな設備や機械などのモノがあろうと，どれだけの資本や借入れなどのカネがあろうと，どのようなデータや情報があろうと，ヒトによってそれらが活用されない限り，意味がない。第二に，ヒトには感情があり，高度な思考力を兼ね備えている。ヒトは感情に

よって行動が変わったり，思考力も差や変化がある。ヒトは個性があるため，同じように扱っても反応や成果は異なる。第三に，ヒトを管理するための真に革新的で決定版的な手法はない。感情や主体性を持つヒトを扱うということは，それだけ簡単な問題ではないということである。

(2)　物的資源

　物的資源には，工場や設備，土地，オフィス，原材料，仕掛品，製品などが含まれる。物的資源の特徴は，第一に有形ということである。このため，他の資源に比べて，他の会社や組織と比較することが容易である。例えば，工場の広さや設備の生産能力の比較によって両者の差を明らかにすることができる。

　また，物的資源には，年月の経過により減耗するという特徴もある。絵画・彫刻などの美術品や土地など一部の特殊な物的資源を除いて，機械や設備等は使用しているうちに摩耗や故障が生じたり，工場や建物も年月を経ることにより傷んだり修繕が必要になるように，基本的に物的資源には耐用年数がある。

(3)　財務的資源

　財務的資源には，現金や預金，債権，有価証券などが含まれる。すなわち，財務的資源とは，会社や組織の経営に必要となる資金のことを指す。会社において初期の財務的資源は資本金である。その資本金と銀行や債権者からの借入金を利用し，必要な人材（ヒト，人的資源）を雇い入れたり，生産や販売のために必要な工場や機械，販売店舗，原材料，部品等（モノ，物的資源）を購入したりする。また，会社は，その活動によって生み出された製品やサービスを顧客に提供することによって，対価として金銭を得る。そこで得た金銭は，財務的資源として次の生産や販売などの事業活動に利用されることになる。

　また，生産や販売という事業活動のために投入された金額を，事業活動の結果として得られた金額から差し引くことによって，事業の収支が明らかになる。差し引いた金額がプラスになれば利益が出たことになり，財務的資源は増加することになる。逆に，差し引いた金額がマイナスになれば赤字が出たことになり，その分，財務的資源は減少することになる。

図表6−1 4つの経営資源

- 人的資源……人材（正社員，非正規社員，パートタイマー，アルバイト等）
- 物的資源……建物，オフィス，機械設備，販売店舗，原材料，仕掛品等
- 財務的資源……金銭（現金，預金，債権，有価証券等）
- 情報的資源……ノウハウ，技術，ブランド，信用力，知識等

(4) 情報的資源

　情報的資源とは，会社の内外に蓄積された知識の総称である。例えば，製品を作り出す技術やノウハウといったものは，会社の事業活動を通じて蓄積されることになる。また，製品を販売し，顧客に使ってもらうことによって，その製品の良さや使いやすさ，デザインの良さなどが認められるようになると，その製品や会社のブランド価値や信用が高まることにつながる。

　このように情報的資源は，会社の活動を通じて収集・蓄積される資源である。情報的資源が他の資源と大きく異なるのは，他の資源が使用に限界があるのに対して，繰り返しの利用が可能であるという点である（加護野 [2003]）。

2．経営資源と管理

　前節では経営資源の分類についてみたが，ここでは経営資源を有効に活用するための経営管理について説明する。

(1) 管理活動

　フランスの鉱山技師で経営者のアンリ・ファヨール（Henri Fayol）は，会社の活動を次のような6つに分類した。①生産や製造，加工などを行う技術活動，②購買や販売などの商業活動，③資本の調達と運用などを行う財務活動，④財産や従業員などの保護を行う保全活動，⑤在庫調整や原価計算，貸借対照表などを計算・作成する会計活動，そして⑥計画や調整，統制などを行う管理活動である。

図表6-2　ファヨールによる会社の活動の分類

①	技術活動	:	生産や製造，加工などを行う
②	商業活動	:	購買や販売などを行う
③	財務活動	:	資本の調達と運用などを行う
④	保全活動	:	財産や従業員などの保護を行う
⑤	会計活動	:	在庫調整や原価計算，貸借対照表などを計算・作成する
⑥	管理活動	:	計画や調整，統制などを行う

出所：ファヨール［1972］を参考に筆者作成。

　ファヨールが区別した6つの活動のうち，①～⑤の活動は主に物的資源や財務的資源，情報的資源に働きかけを行うのに対し，⑥は①～⑤の活動を取りまとめる人的資源に作用するものである。特に，会社の規模が大きくなり，事業内容が複雑になり，扱う材料や動かす機械の種類が多くなると，それに伴って，それを担当する人員が増えることになる。そのため，実務を担う人たちをうまく調整し，無駄なく業務を行うよう管理することは非常に大切である。

(2)　管理過程

　それでは管理活動にはどのようなものが含まれるのであろうか。ファヨールによれば，管理は計画→組織→命令→調整→統制という過程によって行われるとした。これを管理過程と呼ぶ（**図表6-3**）。

図表6-3　ファヨールの管理過程

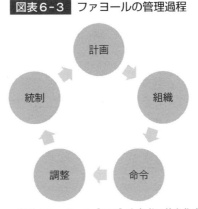

出所：ファヨール［1972］を参考に筆者作成。

(i)　計画（予測）

　計画を策定するのは，経営資源を最適に利用するためである。そのためには，①統一性，②継続性，③柔軟性，④正確性を備えた計画が必要となる。計画策定における①統一性とは，目標が各部分において整合性がとれているかどうかということである。②継続性とは，短期も長期の両方とも予測が行われていることである。③柔軟性とは，会社を取り巻く経営環境の変化に応じて，適切に計画を変更し，適応させることである。④正確性とは，先のことをできるだけ正確に予測するように努めることである。

(ii)　組織

　管理者は，会社の中のさまざまな活動が最適に遂行することができるように備える必要がある。そのために，原材料や機械というような物的なものと従業員や専門家などの社会的なものの両方を構築する。これを組織することと捉える。

　生産設備や機械を充実させれば直ちに高い生産性が達成されるわけではない。また，さまざまな分野の知識を持つ優秀な人材を集めたとしても生産設備や機械などが不十分であれば生産性の向上には限界がある。したがって，ファヨールは物的組織と社会的組織の二重の有機体の構築を強調するのである。

　ファヨールは命令の一元化を強調するため，ライン組織を基本的な形態としながらも規模が大きくなるにつれ，スタッフを活用する必要があることを述べている。したがって，組織形態はライン組織からライン・アンド・スタッフ組織へと発展することになる。

　また，トップ・マネジメントの構成は必要に応じて複数制となることもあるが，単独制の方が一貫した見解や活動，命令がなされるため優勢であると指摘する。さらに，よりよい管理のためには，従業員の採用や養成にも注意が求められる。

(iii)　命令

　命令は，組織を機能させることである。命令の目的は，会社の全体的利益のためにそれぞれの部署から最大限可能な利益を引き出すことにある。

そのため，ファヨールによれば，命令を出す管理者には次のような8つの点が求められるという。①従業員を熟知すること，②無能力者の排除，③労使間の約定の徹底，④模範の提示，⑤事業体の定期検査の実施，⑥会議の招集，⑦末梢的な事柄に惑わされないこと，⑧創意や献身さを従業員に持たせるように仕向けること，の8つである。

(ⅳ)　調整

調整とは，会社の目的を達成させるために部門間の活動に調和をもたらすことである。命令は階層の上位者（管理者）が下位者（従業員）に対して出すものであるのに対し，調整は職能を異にする部門の間で活動が円滑に進むようにすることである。したがって，調整は，命令のように明確な権限や責任があるわけではないため，諸職能間での均衡や適切な分担を実現することは容易なことではない。しかしながら，横断的な会議を実施する等によって調整を実現させていくことは組織にとって重要である。

(ⅴ)　統制

統制とは，これまで述べてきた計画，組織，命令，調整が適切に遂行されているのかをチェックすることである。もしこのチェックの結果，当初の計画等にズレが生じた場合には修正し，元の計画に戻すようにする必要がある。

したがって，実際に活動を実施している部門とは別に点検のための部門を置き，統制が迅速に行えるようにすることが求められる。また，過剰な統制は円滑な活動を阻害するため，統制は過度になり過ぎないように留意することを忘れてはならない。

(3)　管理原則

ファヨールは，経営者であった自分自身の経験をもとに，より不変性や普遍的適応性を持つと考えられる，次の14の管理原則を提唱した。

それは，①分業，②権限と責任，③規律，④命令の一元化，⑤指揮の統一，⑥全体利益の優先，⑦報酬，⑧集権，⑨階層，⑩秩序，⑪公正，⑫従業員の安定，⑬秩序，⑭創意，⑮団結である（**図表6-4**）。

　管理原則はこれらに限らない。時代の変化や競合他社，従業員のモラール，顧客のニーズ，組織文化などによって，どのように管理するのが適切なのかは変わってくる。ファヨールの後，彼の管理過程や管理原則を多数の研究者が発展させ，管理過程論や管理過程学派が形成された（e.g., L. H. ガーリック，L. F. アーウィック，R. C. デービス，H. クーンツ，C. J. オドンネル）。

図表6-4　ファヨールの管理原則

```
 1. 分業：　　　　　専門化により，同じ努力で，より多くのものを生産すること。
 2. 権限と責任：　　権限とは命令を出す正当な権利であり，責任を伴う。
 3. 規律：　　　　　服従や勤勉，態度であり，労使間の協約によって実現される。
 4. 命令の一元化：　一人の管理者からのみ命令を受けること。
 5. 指揮の統一：　　会社の管理者は1つの計画により指揮するべき。
 6. 全体利益の優先：全体の利益は個人の利益より優先する。
 7. 報酬：　　　　　仕事への対価として公平で満足するものを与える必要がある。
 8. 集権：　　　　　会社の置かれている環境や規模により，集権と分権が決まる。
 9. 階層：　　　　　命令系統の尊重と迅速性を考慮し調整する（渡し板）。
10. 秩序：　　　　　物の整理整頓および人の適材適所の必要がある。
11. 公平：　　　　　公平を適用するためには，正義や厳格さが求められる。
12. 従業員の安定：　仕事に慣れるまでには一定の期間が必要である。
13. 創意：　　　　　考え抜き，それを実行に移す力のこと。
14. 団結心：　　　　内部が分裂しないように，文書の濫用を避ける。
```

出所：ファヨール［1972］を参考に筆者作成。

（4）PDCAサイクル

　ファヨールから発展した管理過程論であるが，これに関連する概念としてマネジメント・サイクルがある。マネジメント・サイクルとは，経営活動を「プラン（Plan，計画）→ドゥ（Do，実行）→シー（See，統制）」という循環で捉える考え方である。さらにこのPDSサイクルは，製造現場での改善活動を行う品質管理（QC：quality control）からの影響を受け，PDCAサイクルへと発展していった。

　PDCAサイクルとは，「プラン（Plan，計画）→ドゥ（Do，実行）→チェック（Check，評価）→アクション（Action，改善・処置）」という循環のことである（**図表6-5**）。このPDCAサイクルは，一般に，デミング（W. E. Deming）が1950年に来日し，日本科学技術連盟のセミナーで講演したことが契機となった

とされる 。

　PDCAサイクルは，事前にしっかりと計画（Plan）を立てて，行動する（Do）ことの大切さを強調しているため，経営戦略論の計画学派に通じるところがある。また，行動した結果を評価（Check）し，それをフィードバックして改善（Action）につなげることで，次の計画において同じ失敗や間違いを繰り返さないことは経営管理上，非常に大切なことである。

　このPDCAサイクルは，工場管理の現場などにおいて，QCサークル（品質管理のための現場小集団活動）やTQC（Total Quality Control：全社的品質管理）活動などにおいて取り入れられ，日本企業の製品の品質を世界トップクラスの水準に引き上げることにつながった。また，1990年代に入ると，経営全体に対する戦略的な視点を入れ，TQM（Total Quality Management：総合的品質管理）へと発展していった。

図表6-5 PDCAサイクル

出所：筆者作成。

第 **7** 章

売る活動の管理

Key Words

流通，商流，物流，マーケティング，マーケティング・ミックス，4P

1．販売活動

(1) 企業は何を売っているのか

　どのような企業でも，その企業の製品やサービスを販売して収益を得ている。販売活動はどのような企業でも不可欠の活動である。企業が販売しているものは，大きく2つに分けられる。1つは製品であり，機能を発揮する物的対象である。ペットボトル入りのお茶はのどの渇きをいやす機能を発揮する物的なモノである。自動車はA地点からB地点への移動機能を発揮する物的なモノである。このような販売されるモノは有形財とも言われる。

　もう1つがサービスであり，機能の発揮そのものである。理髪店や美容院は理美容士の整髪する機能を持っていて，その機能の働きという整髪サービスを提供している。販売されるサービスは無形財とも言われる。製品の販売では売買によってその製品の所有権が移転するが，サービスの販売では売買によってその機能の発揮に必要な物的なモノの所有権は移転しない。

　ペットボトル入りのお茶のような有形財はメーカーからコンビニエンスストアのような小売店に販売され，小売店から消費者に販売される。小売店はさまざまなメーカーが生産したお茶をそろえ，さらにお茶だけでなくさまざまな飲料をそろえて消費者に提供している。メーカーは消費者に有形財としての製品を販売しているのに対して，小売店は品揃えのような機能の発揮というサービ

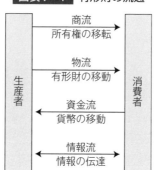

図表7-1 有形財の流通

スを加えて，製品とサービスの混合物を販売している。企業が販売しているもの（商品）は多様である。したがって，自社が販売している商品が何なのかを的確に把握する必要がある。

　本章では，有形財に焦点を合わせてその販売とマーケティングについて解説する。

(2)　流通業

　現代社会では，生産者は具体的に誰が消費するのかを知らないまま生産を行っており，消費者は具体的に誰が生産したかを知らない製品を消費している。このように生産者と消費者の間には隔たり（ギャップ）がある。このギャップを埋めるのが流通の機能である。

　生産者と消費者の間のギャップには，①所有権（所有者が自由に使用し処分できる権利）の移転が必要となる人的ギャップ，②生産地と消費地が異なることで生じる空間的ギャップ，③生産の時間と消費の時間が異なることで生じる時間的ギャップ，④生産者が消費者について十分に知らず，消費者も生産者について十分に知らないために生じる情報的ギャップなどがある。流通業はこうしたギャップを解消して生産者と消費者をつなぐ活動を事業とする業界である。

　流通は生産者と消費者のギャップを解消する4つの流れから構成されている。

　①　人的ギャップを埋め，所有権を移転させる商流。卸売業者や小売業者がある。

② 　空間的ギャップと時間的ギャップを埋め，有形財を移動させる物流。時間的ギャップを埋める倉庫業者や空間的ギャップを埋める運送業者がある。

③ 　商流と物流に対応して発生する補助的な流通である資金流。資金の融通を担当する金融業者や保険機能を担う保険業者がある。

④ 　情報ギャップを埋め，生産者と消費者の間で双方向に流れる情報流である。消費者の情報を生産者に伝える市場調査会社や生産者の情報を消費者に伝える広告会社がある。

こうした機能を担う業者の中で，商流あるいは物流を担う業者が流通業者と呼ばれる。

流通業者は，製造業者から消費者に至るまでの取引総数を減少させる機能，製品を集中して貯蔵する機能，さらには生産者・消費者双方からの情報を縮約する機能を担い，社会全体での流通に必要なコストを下げている。

また，流通業者は品揃えの機能も提供している。補完的製品（同時に購入する可能性のあるもの）をそろえて関連購買を可能にしたり，代替的製品（一方を購入すれば他方を購入する可能性がなくなるもの）をそろえて比較購買を可能にしたりしている。

2．マーケティング

(1)　マーケティングという考え方

販売者としての企業と消費者との関係には，

① 　生産コンセプト：消費者は有用で安いものを好むので，企業は生産と流通の効率化に注力する。

② 　製品コンセプト：消費者は品質の高い革新的な製品を好むので，企業は継続的な製品改良に注力する。

③ 　販売コンセプト：十分な働きかけをしなければ消費者は製品を購入する気にならないので，企業は広告や販売促進などの販売活動に注力する。

というような考え方も存在する。しかし，こうした生産して販売するという考え方では，生産者が消費者に売るという一方向的な流れに注目しがちになる。しかし，企業にとって重要なことはニーズに応えることである。そこで，

④　マーケティング・コンセプト：消費者のニーズを把握して，競合他社よ
　　りも効果的・効率的に消費者の満足を提供することに注力する。
という考え方が重要となる。

　マーケティングとは「個人やグループが製品や価値をつくり出し，それを他
者と交換することによって必要としているものや欲しいものを獲得するという
社会的かつ経営的なプロセス[1]」であり，「顧客やクライアント，パートナー，
社会全体にとって価値のある提供物を創造し，伝達し，配達し，交換するため
の活動や一連の制度，そのプロセスである[2]。」

　企業は顧客のニーズ（欠乏を感じている状態），欲求（具体化されたニーズ），
需要（購買力を持った欲求）について評価し，理解しようとする。そして，
ニーズや欲求を満たす目的で市場に提供される製品，サービス，情報，経験の
組み合わせとしての商品を準備する。顧客は企業が提供する商品から受け取る
価値（顧客価値）に期待を寄せてそれを購入し，その期待と実際のパフォーマ
ンスの一致の程度（顧客満足）が高ければ繰り返しその商品を購入する。

　企業は顧客との間で求めるものを互いに手に入れるために何かを見返りとし
て提供する交換を行い，その交換を通じてターゲットとなる顧客との望まし
いリレーションシップ（関係）を作り，維持しようとする。交換とリレーション
シップの結果として商品の実際の購買者と潜在的な購買者の集まりとしての市
場が形成される。企業はその市場からニーズ，欲求，需要の情報を入手するこ

図表7-2　中核となるマーケティング概念

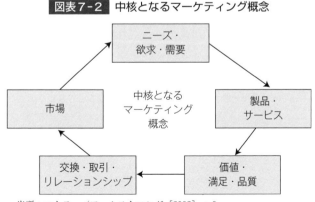

出所：コトラー／アームストロング［2003］，p.9。

とになる。こうした諸活動を通じて企業の活動を市場に適合させることがマーケティングの考え方の基本となる。

(2)　マーケティング・ミックス

　企業が標的市場でマーケティング目的を達成するために、マーケティングのための手段を組み合わせ、経営資源を配分して、それらを計画・実施することをマーケティング・ミックスという。マーケティングの手段は多様であるが、もっとも典型的には、製品政策（Product）、価格政策（Price）、チャネル政策（Place）、販売促進政策（Promotion）からなる４Ｐと呼ばれる枠組みがある。諸要素は独立したものではなくそれぞれを最適に組み合わせることが重要である。

(i)　製品政策

　製品政策はマーケティング・ミックスの中でも中核的な活動である。自社が顧客に提供しているものが何であるのかを明確に定義する必要がある。企業が提供し、販売しているものは物的な製品（有形財）やサービス（無形財）、それらの混合物など多様であるが、製品について考える際には３つのレベルで考える必要がある。

　第一に、顧客が購入しているものは何かという問いへの答え（製品の核）を考えなければならない。例えば、化粧品会社は唇に塗る色として口紅を売っているのではなく、きれいになれるという希望を売っている。次に、製品の核を提供するための製品の形態を考えなければならない。製品の形態は品質、特徴、デザイン、ブランド、パッケージなどの特性から構成されている。最後に、製品の核と製品の形態を取り巻く、アフター・サービスや製品保証、配達・取り付けなどの付随的な機能を考えなければならない。

　ほとんどの企業はこうした製品を複数生産し、販売している。複数の製品を有している場合には、製品ラインと製品品目の組み合わせである製品ミックスを管理する必要がある。製品ラインは製品品目を機能別や用途別、あるいは顧客別や販路別などの共通性でまとめられた製品グループのことである。製品ミックスは製品ラインの数（製品ミックスの幅）と製品品目の多様性（製品

ミックスの深さ）といった量的側面に加えて，製品ライン構成の一貫性といった質的側面からも検討されるべきである。

(ii) 価格政策

価格は製品やサービスの代価として支払われる金額であり，マーケティング・ミックスにおいては収益に関連する唯一の要素である。また，価格は短時間で変更することができる最も柔軟な要素でもある。

価格の決定にはさまざまな要因が関与している。外部要因として経済動向（景気や為替など），競争の状態（売り手の多寡や差別化の程度），需要特性（価格変更に対する需要の変化の程度），競争相手の動向などがある。内部要因としては，コストやマーケティング・ミックスの基本方針などがある。

利益の最大化，投下資本利益率を高める，あるいはマーケットシェアの向上などマーケティング・ミックスの基本方針を明確にし，競争相手への対応や需要特性に応じて価格設定の基本方針が定められる。

代表的な価格設定の方式には，以下のようなものがある。

① コスト志向型価格設定：コストに基づいて価格を決定する方法である。コストに目標利益を加えて価格を決めるコスト・プラス方式や価格に対する目標利益率とコストから価格を決めるマークアップ方式，損益分岐点分析を活用して目標利益を確保できる価格を決める方式がある。

② 顧客価値志向型価格設定：製品から受け取る便益に顧客が認める価値を把握して価格を決定する方法である。製品やサービスの優れた品質に対して低価格を設定するグッド・バリュー価格設定や付加価値となる特性を加えて差別化して高い価格を支える付加価値価格設定などの考え方がある。

③ 競争志向型価格設定：競合他社の提示する価格に応じて価格を決定する方法である。業界の主導的な競合企業の価格を基準とする実勢価格方式が代表的である。

(iii) チャネル政策

チャネル政策は，どのような経路で消費者に製品を届けるかに関する意思決定である。製品は消費者に提供されて初めて価値をなすので，チャネル政策に

よって製品の顧客価値も大きく変わることになる。生産者が消費者に直接販売することもあるが、多くの場合、流通業者を介在させることになる。

　生産者と流通業者で形成されるマーケティング・チャネルはそこに関与する企業が相互作用する複雑なシステムである。緩やかにつながるものから組織化されたものまで多様ではあるが、マーケティング・チャネルを構成する個々の企業の成功はチャネルの成功にも依存しているので、協調と競争の両方を求められることになる。

　生産者・卸売業者・小売業者で構成される伝統的なマーケティング・チャネルにはチャネル構成企業間の役割や報酬に関する不一致（チャネル・コンフリクト）を解消するメカニズムがない。これに対して1つの企業によって統制されているチャネル機構が垂直的マーケティング・システム（VMS：Vertical Marketing System）である。生産から流通までを1つの資本系列の下で統合（コントロール）する企業型VMS、フランチャイズのように契約によって統合する契約型VMS、規模やブランドなどで支配的立場を持つ企業が統合する管理型VMSがある。

　製品の種類やライフサイクル段階などに応じて、生産者から消費者までの流通段階の長さや広がり、統合方法などを決定することが重要である。

⑷　販売促進政策

　販売促進政策はマーケティング・コミュニケーションとも称され、生産者と消費者の間のコミュニケーションに関する意思決定である。生産者が提供する製品についてその属性や品質などを伝え、消費者が必要としている製品の内容や価格などについて伝えることで、顧客価値と消費者満足の向上が実現される。

　販売促進政策には以下のような4つの要素がある

①　広告：明示された広告主が費用を負担してメディアを活用する非人的なコミュニケーション活動である。広告は目的に応じて、企業イメージを訴求する企業広告と製品やブランドを訴求する製品広告に分類される。また、内容に応じて、購入するように促す説得型広告とさまざまな情報を提供する情報提供型広告にも分類される。新聞や雑誌などの印刷メディア、テレビやラジオなどの電波メディア、看板などの屋外メディア、インターネッ

トなどの電子メディアがあるので，目的に応じてメディアを選択する必要
がある。

②　パブリシティ：広告とよく似ているが，メディア側が判断して，無料で
情報提供として取り上げられるものである。メディア側が情報選択をして
いるので，信頼性や説得性が高いという特徴がある。企業の社会性が求め
られている現代では，パブリシティの重要性は増しているので，メディア
によって選択されるようにさまざまな機関（報道機関や公的組織など）に
働きかけることが必要である。

③　人的販売：商品を販売し，顧客との関係を築くことを目的に口頭の情報
提供を行うことである。人的販売はセールスパーソンによる販売活動であ
り，地域別，製品別，顧客別あるいはそれを組み合わせて組織化すること
が求められる。人的販売は，新たな顧客を発掘する創造的人的販売と既存
顧客との関係を強化する維持的人的販売に分類される。

④　販売促進（狭義）：消費者による商品の購入や流通業者による商品の販
売を促進するための短期的な動機づけのことである。消費者向けには試供
品の提供やクーポンの配布，イベント開催などがある。流通業者向けには，
販促ツールの提供や数量割引，リベートなどがある。

販売促進政策におけるコミュニケーション・ミックスには，人的販売を中心
にしてチャネルを通じて生産者が売り込んでいくプッシュ型と広告を中心にし
て消費者に購入しようとさせるプル型がある。消費財か生産財かの違い，製品
ライフサイクルの段階，差別化の程度などに応じて適切なコミュニケーショ
ン・ミックスを選択することが必要となる。

●注 ─────────

1　コトラー／アームストロング［2003］，p.10。

2　アメリカ・マーケティング協会の定義。ama.org/the-definition-of-marketing-what-is-
marketing/　2021年9月10日に確認。

第 **8** 章

つくる活動の管理

Key Words

生産性，付加価値，受注生産，見込生産，少品種大量生産，多品種少量生産，
個別生産，ロット生産，連続生産，生産管理，QCD

1．生産性

　社会において必要とされるさまざまな製品やサービスを生みだす活動が生産
であり，物的な製品を生産する活動は特に製造と呼ばれる。多くの企業は製品
やサービスを生産し，販売して収益を得ている。本章では企業が販売するもの
を作る製造にしぼって，生産について学ぶ。

(1)　生産性向上の歴史

　企業は生産をより効率的にする努力をし続けてきた。20世紀初頭，「経営学
の父」ともいわれるテイラー（F. W. Taylor）は生産の現場における作業の能
率を向上させるための方策として科学的管理法を提唱した。当時，現場の監督
者や労働者の経験に任されていた成行管理を批判し，動作研究や時間研究に
よって作業や道具などの効率的な標準化を進め，差別的出来高給という賃金制
度によって作業者のやる気を出させようとした。

　1910年代には，自動車王フォード（H. Ford）が，消費者には安い価格の自
動車を供給し，労働者には高い賃金を支払うことを理念としてT型フォード1
車種を大量に生産するベルトコンベアによる流れ作業生産システム（フォード
システム）を考案し，飛躍的な生産性向上と原価の低減を実現した。

　その後も，生産システムを改善する努力は続けられ，フォードの競争相手で

あるGM社が考案したフレキシブル大量生産方式によって，複数の製品を大量に生産し，消費者の多様なニーズに応えることが可能となってきた。わが国では，さらに多くの品種を効率的に生産するトヨタ生産システムが考案され，世界的にリーン生産システムとして普及している。

(2)　生産性分析

　生産が効率的に行われているか否かを判定するためには，生産の効率性を測定する必要がある。その代表的な分析方法が生産性分析である。生産性とは，投入量と産出量の比率で，生産性を測定する基本式は，

$$生産性 = \frac{生産システムからの産出}{生産システムへの投入}$$

となる。投入量に対して産出量が大きいほど生産性が高いことになる。投入量としては労働，資本，原材料，機械設備，などの生産諸要素があり，産出量としては，生産数量，生産額，売上高，付加価値，などがある。例えば，産出量を生産数量，投入量を原材料数量とすると生産性の1つの指標である歩留まりを計算できる。生産性分析では一般的に産出量として付加価値額を使う付加価値生産性を用いる。

　付加価値は「企業が新たに生み出した価値」であり，企業におけるさまざまな活動の結果として付け加えられた価値である。付加価値の計算にはいくつかの方法があるが，控除法と加算法に分けられる。付加価値生産性の計算で使われる投入にはヒト・モノ・カネという3種類の経営資源が使われ，

　　ヒトの投入に対応する生産性：労働生産性＝付加価値額／従業員数
　　モノの投入に対応する生産性：設備生産性＝付加価値額／有形固定資産額
　　カネの投入に対応する生産性：資本生産性＝付加価値額／総資本額

と，計算される。一般的に，労働生産性が代表的生産性指標として用いられる。
　生産性を向上させるためには，無駄な投入を減らす努力と共に，一定の経営資源でより多くの付加価値を生みだす工夫が不可欠である。

2．生産システム

　生産性を向上させていくために生産管理が行われるのであるが，生産管理のためにはまず管理の対象となる生産システムについて理解する必要がある。

⑴　生産の契機による分類

　生産を開始する契機によって生産システムは大きく2つの生産形態に分類できる。1つは，注文を受けてから生産する受注生産であり，オーダー・メイドとも呼ばれる。受注の後にその内容に応じて生産計画が立てられ，必要な原材料や部品が調達され，生産が行われる。注文を受けてから設計して生産する船舶や住宅，あらかじめ設計しておいて注文を受けてから生産する産業用機械や自動車などがある。生産した製品は，生産後すぐに発注先に引き渡すことができるので，製品の形で在庫を持つ必要がなく確実に販売できるというメリットがある。他方，受注の変動に応じて生産活動が変動するデメリットや受注してから製品を引き渡すまでの期間（リードタイム）が長くなるデメリットがある。多品種少量生産の場合に多く採用される生産形態である。

　もう1つは，需要予測を行い，生産計画を立てて生産する見込生産であり，レディー・メイドとも呼ばれる。どれくらいの製品が販売できるかという需要の予測に基づいて生産計画が立てられ，必要な原材料や部品が調達され，生産が行われる。家電店やコンビニなどの小売店に置かれる商品は大半が見込生産である。生産の後に販売活動が行われるので，製品の形で在庫を持つ必要がある。予測どおりに販売できないと，在庫品が余る危険があるというデメリットがある。他方，販売すればすぐに製品を納入でき，リードタイムが短くなるメリットがある。少品種多量生産の場合に多く採用される生産形態である。

　見込生産の場合，需要の予測と適正な在庫を維持することが課題であり，受注生産の場合，リードタイムの短縮が課題となる。そのため，受注生産と見込生産の中間的な生産システムも考えられている。実際の生産システムは見込生産と受注生産の分岐点（デカップリング・ポイント）の位置によって多様である。

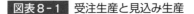

図表8-1 受注生産と見込み生産

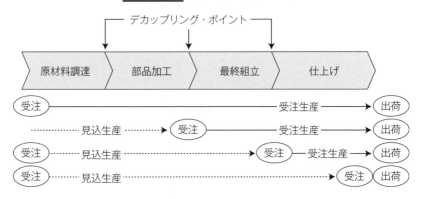

(2) 品種と生産量による分類

　フォードが考案した大量生産システムは，製造コストを大幅に下げる規模の経済を実現させ，生産性を大きく向上させた。しかし，T型フォードという単一製品の大量生産はニーズの多様化に対応できず，消費者ばなれを引き起こした。そのためその後，多様なニーズに対応しながら効率的に生産するさまざまな工夫がなされてきた。

　フォード生産システムのように少ない品種の製品を大量に生産するシステムが少品種大量生産である。製品の種類が少なく，大量に同じものを作るため，工場内での物の動きや作業は安定し，無駄な活動が減少する。また，段取り替えが少ないため，稼働時間中の生産時間の比率が高くなる。工場にとっては効率的に製品を製造できる生産システムである。仕事の流し方としては，大ロット生産や連続生産が採用される。工場の作業現場では，従業員に複数の作業を要求しないため，多品種少量生産に比べて習熟の必要がない単純作業を長期に続けることが多くなる。そのため，そこで働く作業者が作業に対して単調感を感じることがある。

　他方，多くの種類の製品を少量ずつ生産するシステムが多品種少量生産である。生産する製品の種類が多く，生産数量や納期が多様で，加工順序が製品によって異なることも多いため，工場内ではモノの動きや作業が錯綜することになる。受注の変動により生産設備の能力の過不足が生じたり，受注後の仕様変

更や数量・納期の変更，あるいは短納期注文の発生，さらには購入部品の納期
遅れなどが起こりやすくなる。こうした問題に対処するために，部品の共通
化・標準化や受注の平準化，さらには加工機械や加工方法を共通化していくグ
ループテクノロジーなどを適用することで，製品や加工順序の多様性を吸収す
るなどして生産性を低下させない工夫が必要となる。仕事の流し方としては個
別生産か小ロット生産が採用される。

　少品種大量生産と多品種少量生産の中間的な生産システムが中品種中量生産
であり，仕事の流し方としては，個別生産，ロット生産，連続生産のいずれも
採用される可能性がある。

(3) 仕事の流し方による分類

　個別注文に応じて，その都度1回限りの生産を行う方式が個別生産である。
顧客の要求に合わせて製品を製造できるが，標準化されていない製品をその都
度，設計・調達・製造するため，コストや納期の見積りが難しくなり，生産
リードタイムも長くなる。顧客の要求で細かく仕様を変更する必要のある受注
生産に適した生産方式である。

　同一の製品をある期間中，連続的に生産する方式が連続生産である。生産者
側が仕様を決め，設計した製品を繰り返し生産するため，生産性が高く，生産
リードタイムが短く，量産化によるコストダウン効果が大きい生産方式である。
十分な生産量を確保できる見込生産の製造に適した生産方式である。ただし，
製品在庫を持つため，正確な需要予測に基づいた生産計画の作成が重要となる。

　品種ごとにまとめて，複数の製品を交互に生産する方式がロット生産である。
1つの生産ラインで2種類以上の製品が製造され，ある程度まとめて繰り返し
生産される生産方式で，個別生産と連続生産の中間的な特徴を持っている。

　一度に生産する量（ロット・サイズ）を大きくすれば，段取り替えの回数が
減るが，生産のリードタイムは長くなる。他方，ロット・サイズを小さくすれ
ば，生産リードタイムが短縮し，作業者の待ち時間である手待ちが減り，製造
途中の製品である仕掛品が減るなどのメリットがあるが，段取り替えの回数が
増える。

　生産コストと生産リードタイムの両方を考慮して最適なロット・サイズで生

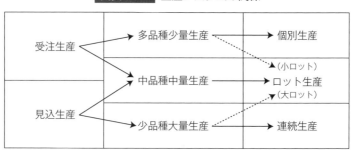

図表8-2　生産システムの関係

産する必要があるが，そのためには段取り替えなどの生産していない時間を減らす必要がある。段取り替えは，生産のための準備作業や生産の後片付けなどの時間で，機械を止めて段取り替えする内段取りと機械を止めないで段取り替えする外段取りがある。効率的なロット生産のためには，内段取りを外段取り化したり，段取りを工夫して段取り替えの時間を短くする必要がある。

3．生産管理

　生産管理とは，所定の品質（Quality）の製品を，期待される原価（Cost）で，所定の数量・納期（Delivery）に生産するように，設計・調達・製造という生産活動全体を計画的にコントロールし，生産活動全体のQCDバランスの最適化を図ることである。QCDバランスを最適化するためには，企業が持っている限られた経営資源を最大限に活用する必要がある。

(1)　品質管理
　品質は，製品の特性が，求められた仕様を満たす程度で，顧客ニーズに対する適合度を示す設計品質（提供する製品の目標品質）と設計品質の達成度を示す製造品質（提供する製品の実際の品質）とに区分される。品質管理の基本は設計品質を達成する製造品質を確保することである。
　製造現場では，使用する材料や部品，加工する機械，現場作業者の活動などにばらつきがあるため，結果的に製造される製品の品質にばらつきが生じる。

製造品質管理では，このばらつきを小さくすることが目標となる。製造品質の向上には，まず製造品質の状態を知る必要がある。そのために行われる活動が検査である。すべての製品の品質を検査する全数検査は，不良品を販売した場合のダメージが大きい高価な製品で行われる。全数検査にはコストがかかり，また検査方法によっては製品が傷つくことがあるので，多くの場合に行われる検査が抜き取り検査である。抜き取り検査に基づいて行われる品質管理が統計的品質管理（Quality Control：QC）であり，現場ではQC七つ道具（特性要因図，チェックシート，ヒストグラム，散布図，パレート図，グラフ・管理図，層別）などを活用して行われる。

　品質管理は工場などの製造現場だけでなく，設計段階も含めた全体で行わなければならない。全社的な方針を設定し，製品の開発から，製造，検査，販売など企業で行われるすべての活動で品質に積極的に関与し，全社的に品質を改善する取組みがTQC（Total Quality Control：全社的品質管理）である。TQCでは，製造品質の状況を把握することにとどまらず，設計品質も含めて品質改善の努力が進められる。その際に活用される代表的な手法にQCサークルがある。これは，職場内の小集団で品質低下の原因を探り，品質を維持・向上させる活動である。

(2) 原価管理

　原価管理は製品の生産に必要なコストを管理する活動で，原価企画・原価維持・原価低減という諸活動がある。原価管理には原価計算が不可欠になる。

　標準的な操業度，標準的な作業方法，標準的な能率，標準的な材料費で製品を製造したり，サービスを提供した場合の費用が標準原価である。原価維持は標準原価と実際原価の差異を測定し，その原因を探り，実際原価を標準原価に近づける活動である。原価改善は，製造中の製品の製造方法や材料などを変更して標準原価を下げる活動である。製造現場で行われる原価改善ではQCサークルなどの小集団活動が効果的である。

　原価企画は，製造を開始する前の企画・設計段階に標準原価を下げておく活動である。製造される製品のライフサイクルが短い場合には，原価改善を行う余地が少ないので，原価企画が重要となる。原価企画を進める際に，販売価格

を「原価＋利益」と考えるコストアッププライスでは，原価を下げる動機づけが弱い。そこで，利益を「市場価格－原価」と考えて，標準原価を下げる目標を明確にして，標準原価を下げる努力の動機づけを強めることが重要となる。

(3) 納期管理

納期は，製品を顧客に引き渡す，あるいは仕掛品を次工程に引き渡す時期または期限である。大きく分けて2種類の納期がある。1つは顧客あるいは次工程から要求された納期であり，もう1つは顧客あるいは次工程に約束した納期である。約束納期は絶対に守るべきものであり，約束納期に間に合わない場合には，賠償問題が生じることもある。要求納期には，顧客や次工程からの無理な要求の場合もあるので，生産能力や在庫水準を吟味して受注する必要がある。

納期の遅延は顧客や後工程に迷惑をかけることになり，早すぎると製品在庫や仕掛品が発生して無駄が生じるので，予定どおりに製造することが望まれる。そのためには必要な物を必要なときに必要な量だけ供給する計画的な日程管理が不可欠となる。計画部門の計画に従って部品生産などを行うMRP（Material Requirements Planning：資材所要量計画）やJIT（Just-in-Time）などの計画・管理手法がある。また，納期を遵守しやすくするために，生産品目と生産数量の変動を小さくする平準化の努力も欠かせない。

品質管理，原価管理，納期管理は互いに関係し合っているので，QCDバランスを考えた統合された生産管理が必要である。

第9章

働く人の管理

Key Words

労働市場，人間モデル，人材マネジメント，人事制度，キャリア開発，
自律性，ダイバーシティ・マネジメント

1．人材マネジメントと人間モデル

　企業にとって重要な経営資源は，ヒト・モノ・カネ・情報からなる。企業経営においては，経営資源の適切な管理が必須であり，経営学ではそれぞれをマネジメントするための理論が蓄積されている。経営資源の取引は市場をつうじて実施されるが，労働力の取引が行われる場は「労働市場」と呼ばれている。

　この労働市場を，外部労働市場と内部労働市場に分けて議論する場合もある。外部労働市場では，賃金というシグナルを媒介とする労働市場のメカニズムに基づき，労働サービスの売り手と買い手の均衡，労働力需給の調整がもたらされる。一方，企業組織内の内部労働市場においては，企業内における労働力の配分が行われる。この配分には，各企業における組織，制度や慣行，および種々の契約が大きく影響する。

(1)　働くヒトをどう見るか，どう考えるか

　働くヒトの管理，すなわち人材マネジメントは，企業におけるヒトの管理，人的資源にかかるマネジメントを行うものである。人材マネジメントのように人間の行動に直接関わる問題を扱う上で，働くヒトをどのように捉えるか，ということは重要である。なぜなら，人材マネジメントがどのような人間観，人間モデルに立脚しているか，その違いによって，働くヒトのマネジメントの態

様，人材マネジメントのあり方が異なるためである。

　人間観および人間モデルと人材マネジメントとの関係を説明する手助けとして，「結婚観」になぞらえて考えてみよう。例えば，戦前までの近代日本社会における結婚は「お見合い」に代表される他者からの紹介によって行われることが多く，その意味で「お見合いと結婚が地続きである」とする結婚観の存在が伺える。一方，現在の日本社会においては恋愛結婚がお見合い結婚を上回るかたちになっており，その背景に「恋愛と結婚が地続きである」という結婚観の存在が伺えるのではないだろうか。もっとも，「結婚」や「家族」のあり方にさまざまなかたちが存在するのはいうまでもない。同じく人間観および人間モデル，ならびに人材マネジメントのあり方も一様ではない。

(2)　経営管理における人間モデル

　人材マネジメントについて説明する上で，人間行動に関する基本モデルを例示しておこう。経営管理ならびに人材マネジメントにかかる人間モデルとしてこれまで大きく３つが提示されている。それは，(a)経済人モデル，(b)社会人モデル，(c)自己実現人モデル（E. Schein）である。

　経済人モデルは，企業で働くヒト（労働者）について，金銭的な報酬を得たいという欲求に動機づけられて行動するものだ，と考える人間観に基づく。このモデルに立脚するならば，人びとを仕事へと動機づける場合，人材マネジメ

図表9-1　人材マネジメントにかかる人間モデル

経済人モデル	組織で働くヒトについて「賃金を得るために働く（金銭的動機）」と捉えるモデル
社会人モデル	組織で働くヒトについて「組織で働くうえの人間関係を重視する」と捉えるモデル
自己実現人モデル	組織で働くヒトについて「仕事内容の面白さ，自己実現を重視する」と捉えるモデル

出所：上林　他［2010］，p.48より作成。

ントをつうじて金銭的な報酬を付与し，その欲求を満たすことが重視されよう。

　社会人モデルは，企業で働くヒト（労働者）について，経済人モデル的側面を持ちながら，感情や心理，集団への所属や職場の人間関係，といった非金銭的な要因によって動機づけられて行動するものだ，と考える人間観に基づく。このモデルに立脚するならば，人びとを仕事へと動機づける場合，金銭よりも人材マネジメントをつうじた非金銭的な報酬の付与，欲求充足が重視されよう。

　自己実現人モデルは，企業で働くヒト（労働者）について，賃金や人間関係よりも高次な自らの成長や自己実現の欲求に動機づけられて行動するものだ，と考える人間観に基づく。このモデルに立脚するならば，人びとを仕事へと動機づける場合，人材マネジメントにより仕事をつうじての成長や自己実現機会の提供を図るなど，その欲求を満たすことが重視されよう。

　これらの人間モデルを踏まえて，「人間を動かす要因は十人十色である」とする複雑人モデルがメタ理論として提示されている。こうした議論が示唆することは，働くヒトのモチベーションの源泉は多様であるということ，ある1つのモデルや人間観だけに依拠して人材マネジメントを行うことはリスクが高いということ，企業で働くヒトに携わる人はそれぞれのセオリー（theory-in-use）ないし持論を持ちつつ臨む必要があることである（金井［2006］）。

2．人材マネジメント

(1)　人材マネジメントの基礎

　さきに述べたとおり，人材マネジメントは，企業で働くヒトの管理，人的資源にかかるマネジメントを行うものである。そして，人材マネジメントは，企業活動にとって必要となる人材を確保し，その能力開発・育成を図るとともに，人材が意欲的に仕事に取り組むことができるような環境を整備し，人事制度を整えることを主眼として行われる。

　企業その他の組織において働くヒトの管理，すなわち人材マネジメントは，物的資源・金銭的資源・情報資源の管理とは性質を異にする。それは，マネジメントの対象となるのが働くヒトそのものであるためだ。私たちは日々の生活や仕事をつうじて成長することができる。企業で働くヒトは，職務にかかる経

験ならびに人生経験，教育・研修をつうじた能力開発などによって，成長し変化する可塑性をもった存在，可能性の塊である。

(2)　人材マネジメントの機能

経営管理における人材マネジメントには，①企業の労働サービス需要の充足，②労働者の就業ニーズの充足，③労使関係の調整と安定維持，という３つの機能がある（白井［1992］；佐藤・藤村・八代［2007］）。

第一の機能は，企業の労働サービス需要の充足である。企業には，その目標を達成するために必要とされる仕事，すなわち労働サービスの需要が存在する。その仕事を遂行するために必要な量と質を担保する労働サービスが，必要なときに過不足なく，一定のコストの範囲にて提供されなければならない。そのために人材マネジメントをつうじて，企業内外の人材を確保し，人的資源の利活用を行うことが求められるのである。

第二の機能は，労働者の就業ニーズの充足である。企業で働くヒトは，企業に労働力を提供し，それによって報酬を得ている。同時に，それぞれの立場や状況に応じて，働くことおよび勤務のあり方，労働条件などへの希望・要望といったものを有している。人材マネジメントにはそれらの充足も求められる。

「もっと高い給与が欲しい」と漫然と思ったり，育児のため「勤務時間を変

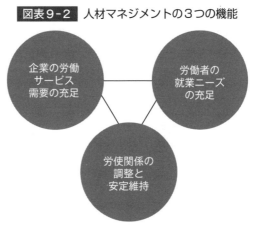

図表9-2　人材マネジメントの3つの機能

出所：佐藤　他［2007］，p.3の図1-1を一部修正。

更したい」と思ったり，親の面倒をみるため「地元を離れられない」と思ったり，従業員にはさまざまな事情や背景によるさまざまな希望・願望が存在する。それらすべてに応えることは容易ではない。しかしながら，だからこそ，人材マネジメントをつうじて，労働者がもつ就業ニーズを汲みとり，労働条件の整備や人事施策の展開を行うことが重要である。

　第三の機能は，労使関係の調整と安定維持である。ここで言う「労使」とは，働くヒトすなわち「労働者」と，かれらが働く企業すなわち「使用者」を指す。労働者と使用者，働くヒトと企業の間にはある種の力学が存在する。

　企業は「儲けを多くしよう」として行動し，そこで働くヒトは「労少なくして，得るものを大きくしよう」として行動するため，一定の緊張感をはらむ。また，語義から見ると，企業は労働者を「使用」するのであるから，雇用という関係において相対的に強い立場にある。ここに労使間調整の必要が存する。

　企業はその立場において，提供可能な報酬の額や労働環境，人材の活用方法などについて提示する。一方で，企業で働くヒトもまたその立場において，労働サービス提供に係る労働環境や報酬，人的資源の活用のされ方などについて要望する。両者は，それぞれの立場において合理的であろうとするわけだが，時に主張がかみ合わないこともある。その際に，もっと言えばそうした齟齬が先鋭化しないように，労働者や労働者によって構成される集団，例えば労働組合などがもつ要望と，企業が提示する人事施策についての利害調整を図り，安定を維持していくことが必要とされる。これもまた，人材マネジメントの重要な役割である。

　なお，企業は利潤極大化行動に導かれ，第一義的に利益を追求しようとする。したがって，企業における人材マネジメントは，その目的から外れるものではあり得ないし，企業目標の達成に資する合理的なものでなければならない。

3．働くヒトのキャリア開発

(1)　キャリア開発の基本

　こうした機能を果たすため，企業における人材マネジメントでは，大きく3つの領域からなる管理が行われる。第一は，人材フローの管理であり，採用か

ら退職に至る一連の流れの管理の領域である。第二は，モチベーションの管理であり，報酬や評価の管理の領域である。第三は，労働諸条件の管理であり，労働環境や労働時間，福利厚生といった領域である（安藤［2008］）。

　前述のとおり，企業における人材マネジメントは，働くヒトそのものを対象とするため，その他の資源にかかる管理とは異なったものになる。人材マネジメントによって，企業活動にとって必要な人材が確保され，その能力開発・育成を図り，労働条件や人事制度を整えて，人事施策を展開したとする。しかし，それら制度のすべてが有効に機能し，施策の効果が余すところなく発揮されるわけではない。なぜなら，人材マネジメントの効果，有効性は，それを受ける側の意欲，働くヒトの態勢に依存しているためである。

⑵　変わる仕事と家族のかたち

　AI，IoTに導かれる技術や社会の変化が，仕事のあり方，家族のあり方に変化をもたらすことが予想されている。近代化に伴って成立した，家族での役割も例外ではない。主たる稼ぎ手（多くは父）は会社勤め，すなわち外で働く役割を担い，家事・育児その他については家庭を営む存在（多くは母）によって担われるかたち（性別分業）が変わりつつある。

　近代化のプロセスと軌を一にして成立してきた家族のかたちは「近代家族」と呼ばれる。西村［2010］によれば，近代家族の特徴として，①家内領域と公共領域の分離，②家族構成員相互の強い情緒的関係，③子ども中心主義，④性別分業（男性は公共領域，女性は家内領域を担う），⑤家族の集団性の強化，⑥社交の衰退とプライバシーの成立，⑦非親族の排除，⑧核家族，が指摘される。

　上記のような家族像が，日本で一般的とみなされるようになった端緒を，西村（前掲）は大正時代の「新中間層」においている。新中間層とは，大正時代の都市部に登場したサラリーマン層を指す言葉で，企業その他の組織の成長と相まって（相対的に）高い賃金と安定した雇用を得ることもできたため，主たる稼ぎ手1人の収入で家計を支えることが可能になった。ここに，職住分離，郊外からの通勤，安定した賃金と雇用により家計を支える役割（男性）と家事や育児を担い家庭を営む役割（女性）というスタイル，いわゆる「男性稼ぎ手

モデル」の出現をみることができる。

　戦後高度経済成長期をつうじて，「男性稼ぎ手モデル」が日本において一定のウェートを占めるに至ったとされるが，現在，そのモデルおよびそれに基づいたキャリアの態様は揺らぎの只中にある。日本の労働市場という文脈に照らせば，労働市場の流動性の増大は，非正規で働く人たちの増加（非正規雇用の増大）というかたちで顕現し，キャリア形成の面に影をおとしている。また，長期にわたる景気低迷下，正社員の仕事が縮減し，時代背景から，非正規雇用に従事する若年層が増加，その状況が続いていくことに伴う仕事や家族の課題（就職氷河期など）も見られるところである。こうしたことから，キャリア開発を専ら企業その他の組織に委ねるということは現状に適合的ではない部分がみられる。

(3)　キャリア・プランと人材マネジメント

　この点に鑑みれば，企業における人材マネジメントにおいて，今後ますますキャリア開発の視点が不可欠になると考えられる。キャリア開発については，組織の立場および働くヒトの立場，ないし客観的キャリアと主観的キャリア，両面からの検討が必要になってくる（奥林・上林・平野［2010］）。

　組織の立場からキャリア開発を考えると，それは企業が保有する人的資源をいかに活用し，企業の目標を達成するかということと，各従業員のキャリアをどのように（意図せざる部分も含め）設計するか，企業組織においてどのような職務経歴を積み重ねていくか，ということを意味する。組織の立場からのキャリア開発は，主として(a)昇進・昇格，(b)能力開発，(c)異動・配置に係る施策をつうじて実施される。このように展開される組織の立場からのキャリア開発と，従業員の客観的キャリアの形成は密接なかかわりをもつ。

　働くヒトの立場からキャリア開発を考えると，それはまさに主観的キャリアの視点，すなわち従業員自身がいかなるキャリア・プランに拠っているか，言い換えると自らの仕事人生をどのように受け入れ，それをデザインし，発展させていこうとするか，ということを意味する。働くヒトのキャリアに影響を及ぼす要因としては，仕事に対する期待や自律性，ライフサイクルや性別，仕事と家庭の両立，といった個人的な要因，キャリア観が考えられる。

　個人のキャリア観は，社会・経済の動向，個々人の生活スタイルやライフサイクルの変化からも影響を受け，それは個人のキャリア・プランにも影響を及ぼす。したがって，企業の人材マネジメントは，個人のキャリア・プランともすり合わせを行って展開することが望まれる。

⑷　ダイバーシティ・マネジメント

　企業の職場にはさまざまな働くヒトが存在する。人材マネジメントを展開する上で，その多様性（Diversity）を活かすこと，すなわちダイバーシティ・マネジメントを行うことは組織の成果につながる。従業員個々人のキャリア・プランと人材マネジメントが整合的に展開され，それぞれが持つ能力を十分に発揮することができれば，組織の活性化がもたらされる。この意味で，企業における多様性は価値の源泉である。

　ダイバーシティ・マネジメントの実施は，人材マネジメントの各局面において展開される。すなわち，採用・配置，昇進・昇格，勤務形態の決定といった段階に応じて，多様な人材の活用を図ることが求められる。

　ダイバーシティ・マネジメントの実施に不可欠なのは，トップ・マネジメントの理解と支持である。この積極的な支持のもと，社内に共通の認識ができあがる。人材マネジメントの視点からは，キャリア・パスを明確化すること，社内への周知，広報を通じて，より円滑な展開を促進することも重要になる。

　少子・高齢化が進むわが国において，誰もがいきいきと働ける社会の実現が期待されるところであるが，企業の人材マネジメントにおいては，ダイバーシティ＆インクルージョンの推進，SDGs（Sustainable Development Goals：持続可能な開発目標）の取り組み，ワーク・ライフ・バランスの支援や中高年齢者の活躍促進といったかたちの施策が求められている。

　キャリア開発については，それを組織の立場から見るにせよ，働くヒトの立場から見るにせよ，自律性をもって，従業員個人がそれに臨むことを求められる傾向が今後，いっそうの強まりを見せるであろう。働くヒトには，多様性をもった職場における自律的なキャリア形成，プロテアン・キャリア（Hall），ないしバウンダリーレス・キャリアの視座に基づくキャリア・デザインの意識が求められている。

第 **10** 章

お金の管理

直接金融，間接金融，資本構成，経営分析，経営リスク，損益分岐点，財務レバレッジ

1．資金調達

　企業は日常の企業活動上，商品や材料の購入，投資活動，人件費の支払，店舗の家賃，光熱費，広告料，マーケティング調査など，さまざまな支出がなされる。そのためには，資金が必要となる。それゆえ，資金をどこから，どのように調達するかがとても重要なこととなる。

(1)　どこから，だれから資金を調達するか？
　資金調達の方法には，金融市場にいる投資家から直接資金を調達する方法（直接金融：Direct Finance）と銀行等の金融機関から借り入れて資金を調達する方法（間接金融：Indirect Finace）とに分かれる。

(i)　直接金融
　企業が株式や社債を発行して投資家に引き受けてもらい，資金を調達する方法である。資金の供給者と需要者が直接的関係にあるので，直接金融と呼ばれる。

(ii)　間接金融
　企業が銀行や信用金庫などの金融機関から資金を調達する方法を，間接金融

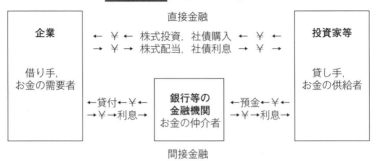

図表10-1 直接金融と間接金融

という。一般の人々が銀行等に預金をし，そのお金を企業は銀行等から借りることとなるので，資金の供給者は銀行の預金者，需要者は企業となり，銀行等は資金の仲介業者ということになる。それゆえ，間接金融と呼ばれるのである。

⑵　どのように資金を調達するか？

　資金調達には，自己資本による資金調達（エクイティ・ファイナンス，equity finance）と，負債による資金調達（デット・ファイナンス，debt finance）とがある。

⑴　エクイティ・ファイナンス

　エクイティ・ファイナンスは，第4章で見た財務諸表でいうと，貸借対照表の純資産のうちの株主資本を増加させる資金調達方法である。エクイティ・ファイナンスによって調達した資金は，原則として返済義務がない。それゆえ，企業の財政状態や財務体質を強固にする効果がある。

　エクイティ・ファイナンスの方法は，1つは株式発行による資金調達である。この場合，資金提供者となった株主に対して，企業が獲得した利益額に応じた配当という見返りを払うこととなる。ただし，新たに株式の追加発行を行うと，既に発行された株式の価値が希薄化（ダイリューション）[1] してしまうなど，既に株主となっている投資家に負の影響を与えてしまうデメリットがある。また，株主総会の決議を必要とし，資金調達方法としては機動性がない。

　もう1つは利益留保で，当期純利益のうち配当や役員ボーナスを支払った上で，余った利益分を企業の中に留保するという方法である。ただし，これも決

算を確定した後でしかできず，資金調達方法としては機動性がない。

(ii)　デット・ファイナンス

　負債による資金調達をデット・ファイナンスという。簡単にいえば，借金のことである。直接金融の場合は社債による資金調達，間接金融ならば，銀行からの借入れが該当する。デット・ファイナンスは，返済義務があり，かつ，利息を支払う必要がある。そのため，財務体質を弱めるという欠点がある。しかしながら，資金が即時に必要なときに，機動的に調達できるという利点がある。また，配当は課税されるが，支払利息は課税されないため節税効果があったり，レバレッジ効果も見込めたりといった利点もある。

(3)　どのようにすれば有利な資金調達ができるか～株価と利子率

　企業が新たに資金を調達する際に，株式を発行するならば，その企業の株価が高いほど1株当たりの資金調達額が増えることとなる。配当は株価ではなく株式数に比例するので，株価が高い方が有利に資金調達できる。

　一方，デット・ファイナンスによる場合，銀行や社債保有者等の貸し手に利息を支払う必要がある。そのため，利子率や利回りを低く設定し，支払う利息額を少なくすることが企業にとって有利な資金調達方法となる。

(i)　株式の価値（株価）

　モノは，将来もたらす収入や効用が高いほど，価値が高い。株式からの収入は，配当と将来の株式売却収入である。仮に，株式を2年間保有して売却するとなると，手に入れられる将来の収入は，1年後および2年後の配当と2年後における株式の売却収入である。

　配当は企業が稼いだ利益から株主に支払われる。それゆえ，利益が多ければ多いほど，配当の金額は大きくなる。つまり，企業が自社の株価を高くしたいなら，常に利益が多くなるように経営活動を行っていけば良いこととなる。そうすれば，売却されるときの株価も上昇していることになる。

(ii)　負債の利子率

　利息（利子）[2] とは，簡単にいうと，お金の貸し借りの代金である。レンタカーを借りると車の利用料である代金を支払う必要があるのと同様，お金を借りると，お金の利用料である利息を払わなければならないのである。

　それでは，利子率（利率）はどのように決まるのであろうか。市場全体で見ると，お金の需給関係に従い，借りたい金額（お金の需要量）が，貸したい金額（お金の供給量）より上回れば，利子率は高くなり，逆にお金の需要額が供給額を下回れば利子率は低くなる。さらにこれに，物価や為替レートの変動でも利子率は変動する。

　個人や企業が借りる時は，市場利子率にその個人や企業の信用レベルに応じた利子率がさらに上乗せされる。なぜなら，資産がなかったり，負債をすでに多く抱えていたり，利益や収入が低かったり不安定であったりする企業や人は，返済不能に陥る可能性（これを信用リスクという）が高い。そこで，貸倒れた場合の損失を埋め合わせるために，高い利子率が要求されるのである。

　企業が低い利子率で有利な資金調達を行うためには，優良な資産を多く持ち，高い利益を安定的に稼いでいくことが必要となる。なお，"AAA"とか"A−"といった企業の格付けは，格付機関が企業の資産の保有状況や利益の稼得状況などから，企業の信用リスクを格付けしたものであり，高い格付けをされているほど，有利に借入れができるのである。

2．企業の収益性，資金の運用の分析

　企業は戦略の下で資金調達と投資をしているが，常に成功するわけではなく，失敗することもありうる。企業の収益性と資金の運用状況を分析するための財務諸表の数値を用いた指標のうち，主要なものをいくつか紹介する。

(1)　売上高利益率

　製品やサービスを多く売ることができたとしても，利益が少なかったり，赤字では意味がない。そこで，利益金額と売上高とのバランスをはかる指標として，売上高利益率がある。計算式は次のとおりだが，分子の利益については，

分析上，必要な利益数値[3]を入れることになる。例えば，分子に営業利益を入れた売上高営業利益率は，営業活動の収益性を，分子に当期純利益を入れた売上高純利益率は，企業全体の収益性を見ることができる。

$$売上高利益率 = \frac{利益額}{売上高}（\times 100\%）$$

(2)　資本利益率

企業が保有している資産やあるいは調達した資金を使って，効率的に利益を稼げているかを見る指標が資本利益率である。主なものとして，企業全体の収益力を見る指標であるROA（Return On Assets：総資産利益率），と自己資本でどれだけの利益を稼げていて，株式投資における投資利回りがどのくらいかを見る指標としてROE（Return On Equity：自己資本利益率）がある。

$$ROA = \frac{当期純利益}{資産合計}（\times 100\%）$$

$$ROE = \frac{当期純利益}{株主資本 + その他の包括利益累計額}（\times 100\%）$$

(3)　資本回転率

企業が効率的に販売活動を行えているかを見る指標として，資本回転率という指標がある。計算式は次のとおりで，分母は分析視点に合う数値を用いる。

$$資本回転率 = \frac{売上高}{貸借対照表の各種数値}（回）$$

3．経営リスクの分析

企業の経営上のリスクを見る主な指標として，財政上の安全性に関するリスクを見る安全性分析と，収益性に関するリスクをみる損益分岐点分析とがある。

(1)　安全性分析

　企業の財政状態が安全で安定的であるかは貸借対照表の数値から分析を行い,
これを安全性分析という。安全性分析には, 短期の安全性と長期の安全性と2
つの視点があり, それぞれ主なものを次に示す。

(i)　短期の安全性……流動比率

　流動比率は, 次の式で計算される。流動資産は営業サイクル内の資産, また
は1年以内に現金化される資産で, 流動負債は営業サイクル内の負債, または
返済期限が1年以内の負債をいう。つまり流動負債の金額を流動資産が上回っ
ていなければ, 資金繰りがショートしてしまう。それゆえ, 流動比率は100%
を超えている必要があり, その企業の短期的な財政状況を捉えることができる。

$$流動比率 = \frac{流動資産}{流動負債}(\times 100\%)$$

(ii)　長期の安全性……自己資本比率と財務レバレッジ

　企業が保有する資産の購入資金は, 負債で調達するより, 自己資本で賄う方
が, 一般に企業の財政状態はよいと言える。自家用車をローンで買う人よりも,
自己資金のみで買う人の方が, 財政状態がよいと通常判断するのと同じことで
ある。そこで, 企業が保有している資産のうち, どの程度自己資本で資金調達
されたかを見る指標として, 自己資本比率[4]があり, 次の計算式で求めること
ができる。一般に, 自己資本比率は高い方が望ましい。

$$自己資本比率 = \frac{株主資本 + その他包括利益累計額}{資産合計}(\times 100\%)$$

(2)　損益分岐点分析

　企業の目的は利益を稼ぐことであるため, 利益が出る売上高や販売量を達成
する必要がある。そこで, ちょうど利益が0となる売上高と費用額が等しくな
る売上高や販売数量である, 損益分岐点（Break-Even Point：BEP）を把握して
おく必要がある。損益分岐点での売上高を損益分岐点売上高, 損益分岐点での
販売数量を損益分岐点販売数量という。

　企業の費用には，販売量に応じて変動する変動費と，販売量とは関係なく生じる固定費とがある。固定費を回収できる売上高ないしは販売量が，損益分岐点となる。なぜなら，固定費は回収できなければ，その分は損失となるからである。変動費，固定費，売上高および損益分岐点の関係をグラフにすると次の**図表10-2**のように描くことができる。

　損益分岐点は次の計算式で求めることができる。

　　　損益分岐点売上高＝固定費÷｜1－（変動費÷売上高)｜
　　　損益分岐点販売数量＝固定費÷（単価－1単位当たり変動費）

図表10-2　売上高と費用額，および損益分岐点の関係

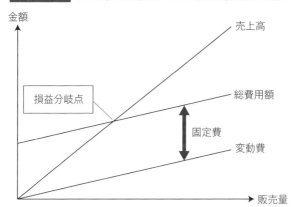

(3)　経営リスク分析の事例

　最後に，トヨタなどの自動車産業に属する企業の事例をみてみよう（**図表10-3**）。株価は2020年3月31日の終値，(1)〜(7)の指標は2020年3月31日決算時点の財務諸表による数値，格付けは格付投資情報センターが2020年8月31日に公表したものである。

　トヨタの収益性に関する指標の多くや安全性の指標は，他社より高く，安定的である。調達した資金を経営資源に投資し，効率的に高い利益を稼ぐことができている。強いて弱点を挙げれば，資本回転率が低く，他社よりも経営の効率性が低いことぐらいである。そのため，株価も格付けも高く，市場から優れ

た企業であると評価されていることがわかる。

　その他の企業には何らかの欠点があり，ホンダは安全性，効率性などは高いが，営業活動の収益性に問題があり，スズキは収益性は全体的に高いが，安全性に難があり，日産や三菱の指標は全体的に低い。そのため，これらの企業とトヨタを比べると，お金を経営活動で使った成果である収益性や，お金そのもののマネジメントである安全性に差があり，その差に応じて株価や格付けに違いが生じているのである。

図表10-3 自動車産業における主要企業の財務指標と格付

	トヨタ	日産	ホンダ	マツダ	スバル	三菱	スズキ
株　価	6,501	357	2,430	572	2,074	306	2,585
(1)売上高営業利益率（%）	7.68	−4.12	−1.66	−1.69	2.38	−3.69	4.05
(2)売上高純利益率（%）	11.18	−10.86	10.24	−0.93	1.58	−0.39	4.35
(3)ROA（%）	8.00	−7.06	11.93	−1.14	1.48	−0.64	4.32
(4)ROE（%）	11.37	−15.36	17.02	−2.33	2.97	−1.23	12.17
(5)総資本回転率（回）	0.71	0.63	1.19	1.21	0.93	1.63	1.02
(6)流動性比率（%）	159.15	54.38	220.56	180.91	163.57	102.09	72.66
(7)自己資本比率（%）	70.69	40.35	71.00	47.89	47.88	50.26	38.75
格　付	AAA	A	AA	BBB+	A−	BBB+	A

出所：株価，(1)〜(7)：日経NEEDS-Financial QUEST，およびEOL企業情報データベースより採取，計算。格付：格付投資情報センターHP（https://www.r-i.co.jp/file/topics_data_lists_japanese-corporate-50.pdf）より。

●注
1　新株発行などにより，企業の株式数が増えると，1株当たりの権利（議決権など）は小さくなる。これを株式の希薄化という。
2　"利子（利息）"は金額であり，"利子率（利率，金利）"は借入額に対する利子の割合である。例えば，借入額10,000円で1年当たりの利子率が5%なら，利子は500円となる。
3　利益の種類については第4章を参照のこと。
4　自己資本比率の逆数のことを財務レバレッジといい，これは低い方が良い。

第**III**部

戦略的に経営する

第Ⅲ部をより深く学ぶための参考文献

第Ⅲ部全体を通して
網倉久永／新宅純二郎［2011］『経営戦略入門』日本経済新聞出版社

第11章　経営戦略の体系
大滝精一／金井一頼／山田英夫／岩田智［2016］『経営戦略―論理性・創造性・社会性の追求（第3版）』有斐閣

第12章　競争に対処する
M. E. ポーター（竹内弘高訳）［1999］『競争戦略論（1）（2）』ダイヤモンド社

第13章　会社全体の戦略
J. B. バーニー（岡田正大訳）［2003］『企業戦略論（下）全社戦略編』ダイヤモンド社

第14章　戦略を転換する
沼上幹［2009］『経営戦略の思考法』日本経済新聞出版社

第15章　戦略分析の基本
（株）日本総合研究所 経営戦略研究会［2008］『経営戦略の基本』日本実業出版社

第11章

経営戦略の体系

Key Words

全社戦略，競争戦略，機能別戦略，ミッション，ビジョン，ドメイン，創発的戦略

1．経営戦略の重要性

　1880年，アメリカでイーストマン・コダック社（以下コダック社）が設立された。それ以降，コダック社は写真フィルム業界のトップに君臨し続けてきた。1934年，わが国において富士写真フイルム（現在の富士フイルム）が設立された。設立時から「コダックに追いつき，追い越せ」を目標にして活動してきた富士フイルムは1990年代にはコダックと互角に競争できる会社になっていた。

　その両社が2000年代に入って，同じようにデジタル化の波にのまれた。デジタルカメラでは写真フィルムを使わないので，写真フィルムを主力商品とする両社にとってきわめて大きな経営環境の変化であった。2012年，コダック社は米連邦破産法11条（日本の民事再生法に相当）の適用を申請した。事実上の倒産である。それに対して富士フイルムは，写真フィルムの技術を活用して化粧品産業に展開するなどして，現在も存続し，繁栄している。この違いはどこにあったのであろうか。

　コダックは，1980年代に事業内容を多様化する多角化を目指そうとしたが，積極的ではなかった。フィルム事業で培った化学技術を医薬品に応用することも試みられたが，やはり積極的ではなかった。コダックは自社の事業領域を2000年代前半には画像に関連する製品とサービスの開発・製造・マーケティングとしており，その後2006年にヘルスケア市場への進出を謳ったが，2008年に

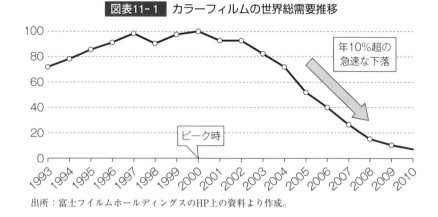

図表11-1 カラーフィルムの世界総需要推移

出所：富士フイルムホールディングスのHP上の資料より作成。

は再び事業領域を写真や印刷に限定している。写真用フィルムの需要が激減していった2000年代に，写真市場にこだわり続けて，次第に売上げを減少させて，事実上の倒産に至った。

　それに対して，富士フイルムは2000年代初めにはⅠ＆Ⅰ（Imaging & Information）というスローガンの下，事業領域として映像と情報文化への寄与を謳っていたが，2006年には，事業領域を映像と情報の範疇（はんちゅう）を超えて，多様な産業や健康・環境保持への貢献へと事業領域を拡大した。その結果，液晶用フィルムや化粧品など従来扱っていなかった製品の売上げを伸ばし，写真フィルムの売上比率を減少させつつ，全社的には売上げを拡大してきた。

　写真用フィルムは世界で４社しか製造販売していなかった寡占市場であった。それに対してデジタルカメラや写真用印刷機材の市場は多数の企業が存在する業界であった。写真がアナログのフィルムからデジタル化する過程で，写真にこだわったコダックは企業がひしめく業界では強みを発揮することなく，衰退していった。その衰退の過程では，多角化や保有技術の活用も試みられたものの，写真へのこだわりとの整合性を持つこともなかった。

　他方，写真にこだわらず保有技術を活かそうとした富士フイルムは，写真フィルムで培った技術の強みを多様な業界で活かして繁栄した。この２社の違いは，経営を貫く戦略の違いにあったとも言える。

2．経営戦略の全体像

(1)　経営戦略とは

　コダックと富士フイルムの事例に見られるように，同じ業界で活動している企業でも，その業績には違いがある。企業の業績の相違をもたらす企業経営の中核，それが戦略である。とは言え，経営戦略とは何かという問いに対する答えは多様で，数多くの定義が提示されている。そうした状況に対して，ミンツバーグ（H. Mintzberg［2012］）は，5つのPで経営戦略という見方の多様性を説明している。

　まず，戦略は計画（Plan）である。企業ではトップ・マネジメントから現場までさまざまな意思決定が行われるが，それらの意思決定は一貫している必要がある。そのためには，意思決定の基準となるように計画が示される必要がある。富士フイルムグループは2017年8月に，2030年をターゲットとしたCSR計画「Sustainable Value Plan 2030（SVP2030）」と，中期経営計画「VISION2019」を発表した。富士フイルムに限らず多くの企業が中期経営計画を発表している。中期・長期計画は戦略の1つの姿である。

　戦略は企業の長期的な計画でもあるが，単なる長期計画ではない。思いがけない環境変化にも一貫した対応をするためには，企業の将来を見据えた企業行動の考え方（パースペクティブ：Perspective）が必要である。戦略は企業行動に関する基本的・長期的な考え方でもある。環境変化への適応の考え方として，コダックの写真業界へのこだわりを持つ考え方が間違っていたとも言える。

　戦略は，未来にだけ関わるものではない。一貫した行動のためには，過去の行動との整合性をとる必要がある。そのためには過去から現在への企業行動のパターン（Pattern：軌道）を知る必要もある。その意味で戦略は企業行動の軌道でもある。富士フイルムは写真業界と決別したのではなく，写真業界で培った技術を基盤とする軌道に乗って発展してきたと言える。

　企業の活動は，具体的な製品やサービスの提供である。市場の中で，社会の中で，自社の製品やサービスがどのように位置づけられるのかが明らかにされる必要がある。戦略は，製品・サービスや事業の位置づけ（Position）である。

　企業は単独で活動しているのではなく，さまざまな対象と競争や協調しながら活動している。競争相手の裏をかくような策略（Ploy），それも戦略の1つの姿である。

　長期的な計画であり，考え方であり，軌道であり，位置づけであり，策略でもある経営戦略とは，企業が置かれた経営環境がもたらす機会と脅威に対応して，自社の経営資源の強みと弱みを見据えて，必要な経営資源を獲得・蓄積し，それらを適切に活用していく企業行動のための構想である。

(2) 経営戦略の階層

　多くの企業は成長の結果として複数の事業を展開している。複数の事業の運営を前提として，事業の組み合わせの方向性や資源配分の方針などを定める戦略と個々の事業運営の方針に関わる戦略は階層となっている。

　複数の事業を営んでいる場合，必要であれば不採算事業から撤退する決定を求められることもある。また，将来の成長を考えれば，新たな事業へ進出する決定も必要となる。企業戦略とも呼ばれる全社戦略は，企業全体の活動領域に関わる基本方針であり，企業全体での資源配分の決定である。

　富士フイルムの場合（Vision 2019），写真フィルム事業が大幅に縮小する中で，ヘルスケア・高機能材料・ドキュメント事業を成長ドライバーとして成長し，収益性を確保しようとしている。こうした新事業への進出や既存事業からの撤退といった決定は極めて重要な決定であり，全社戦略はまさにトップ・マネジメントが決定する事項である。

　事業戦略とも呼ばれる競争戦略は，特定の事業においてどのように競争していくかについての方針であり，競争優位の築き方に関する考え方である。複数の事業を営んでいる多角化した企業では，競争戦略は事業部レベルでの問題として事業部長によって決定される。

　富士フイルムは6つの事業分野を有しているが，例えばデジタルイメージング事業では，インスタントカメラなどの「撮影」からフォトブックなどの「出力」まであらゆる製品・サービスを展開する方針を持っている。あるいは，ヘルスケア事業では，フィルム事業で培ってきた技術を活かして，人々の健康を「予防」「診断」「治療」の側面からトータルにサポートする方針を持っている。

図表11-2 戦略の階層性

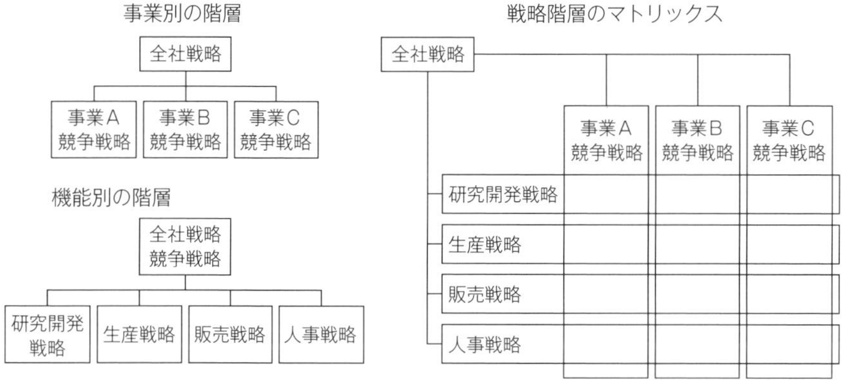

出所：石井淳蔵／加護野忠男／奥村昭博／野中郁次郎［1996］，p.12.

　このように，競争戦略は全社戦略の具体的な実践として重要である。

　さらに，研究開発・購買・生産・販売・財務・人事などの機能ごとの戦略も存在する。機能別戦略は資源の種別に応じた資源蓄積の方針でもある。機能別戦略は競争戦略の下に位置づけられることも多いが，全社戦略の下に位置づけられて，複数の事業で共通の機能戦略が追求されることもある。

3．経営戦略の基本要素

　企業におけるさまざまな意思決定の基準となる戦略は，①企業のあるべき姿を示すミッションやビジョン，②企業の活動領域を提示するドメインと共に，③具体的な基準として働く戦略計画から構成される。

(1)　ミッションとビジョン

　企業が環境との関係の中で，「何のために存在するのか」という社会的存在意義をミッション（使命）という。ミッションはミッション・ステートメントというかたちで文書化されることがある。富士フイルムは「企業理念〜富士フイルムグループの不変の価値観〜」と称して，「わたしたちは，先進・独自の技術をもって，最高品質の商品やサービスを提供することにより，社会の文

化・科学・技術・産業の発展，健康増進，環境保持に貢献し，人々の生活の質のさらなる向上に寄与します」というミッション・ステートメントを発表している。

　ミッションは正式に文書化されないこともあるが，広く従業員に知られていて，従業員による日々の意思決定の基準になることで企業の存続と成長を導く戦略の要となっている。したがって，ミッションを明確にすると同時にそれを企業全体に浸透させることが重要である。

　ビジョンは目指すべき企業の姿・方向性を示すものである。富士フイルムは「ビジョン〜富士フイルムグループが目指す姿〜」と称して「オープン，フェア，クリアな企業風土と先進・独自の技術の下，勇気ある挑戦により，新たな商品を開発し，新たな価値を創造するリーディングカンパニーであり続ける。」というビジョンを発表している。一般的には，3年から5年程度の将来を見えて作成されるもので，イメージしやすい売上高や店舗数などの数値の記載なども必要とされる。

　ミッションやビジョンは全社レベルでも事業レベルでも，基本的な考え方として個々の意思決定の一貫性を裏付けるものとして機能している。

(2)　ドメイン

　企業が環境の中で活動していこうとする領域がドメインである。ドメインを掲げることによって，企業活動を焦点化させ，一貫した資源蓄積と企業行動を継続することが可能となる。ドメインを定義することによって，競争相手と戦う場（範囲）を特定できると同時に，企業のアイデンティティ（一体性）を形成でき，資源蓄積の方向性を指し示すことができる。

　富士フイルムは1984年に第二創業元年と銘打って，ドメインを「I&I（イメージング&インフォメーション）へと拡大し，さらに2006年には映像と情報の文化を超えた事業展開を宣言し，ドメインを拡張し続けている。その結果，現在の事業領域は，(1)イメージングソリューション（フォトイメージング，光学・電子映像），(2)ヘルスケア&マテリアルソリューション（ヘルスケア，高機能材料，記録メディア，グラフィックシステム・インクジェット），(3)ドキュメントソリューション（オフィスプロダクト&プリンター，プロダクショ

図表11-3 3次元によるドメイン定義

顧客機能

顧客層

技術

出所：D. F. エーベル［2012］より作成。

ンサービス，ソリューション&サービス）の3領域になっている。

　鉄道会社や自動車会社というように，ドメインを具体的な製品やサービスとの関連で規定したものが物理的定義である。物理的定義では環境の変化に適応しがたいので，望ましくないとされる。それに対して，輸送サービスの提供や移動手段の提供のように，顧客のニーズを満たす機能でドメインを定義することが機能的定義である。物理的定義より環境変化に適応しやすいドメインを定義できる。

　しかし，機能的定義ではその背後にある顧客や技術といった要素が明確にならず，戦略的な指針を提供するにはあいまいになりがちである。どのような顧客層（市場）に，どのような技術で，どのような顧客機能（顧客の求めるニーズ）を提供するのかというように，複数の視点で自社のドメインを定義することが望ましい。

(3)　戦略計画

　ミッションやビジョンで企業の目指すべき姿を描き，ドメインの定義で活動する領域を示したとしても，それだけで企業活動が一貫して行われるわけではない。自社の置かれた環境の分析，自社の保有する経営資源の評価を受けて，ミッションやビジョン，ドメインで描かれる戦略意図を実現するための，具体的な計画が必要となる。

　一般的に3年から5年間程度の長期的計画として戦略計画は立てられるが，不確実性が高い現代では，戦略計画のとおりに物事が進むことは少ない。計画

図表11－4　計画的および創発的戦略

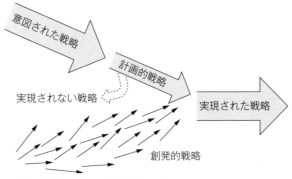

出所：H. ミンツバーグ［2012］，p.13。

は，それに従って行動するという指針を与えるけれども，それは不変のもので
あってはならない。計画からのずれは，行動を修正するシグナルであると同時
に，現実が予測とは異なる軌道を描いていることの反映でもある。

　実現される戦略は，戦略的な意図に基づいて立てられた戦略計画に従っただ
けの実践の結果ではない。現場において環境変化へのその都度の対応の結果と
して形成された創発的戦略が合成されたものである。創発的戦略は，事前に意
図されておらず，現場の対応で発生した事後的に発見される一貫性である。

　創発的戦略を含めた実現された戦略は，その後の意図された戦略に影響し，
戦略計画に反映される。戦略計画は企業行動をしばりすぎてもいけないし，か
といって作成されないこともよくない。戦略計画は，長期的な企業行動の一貫
性の基準であると同時に，環境変化への柔軟な対応の起点として機能する。

第 **12** 章

競争に対処する

Key Words
ファイブフォース分析，コスト・リーダーシップ戦略，差別化戦略，集中戦略

1．競争戦略の重要性

⑴　繰り広げられる競争

　通勤途上に通る道路沿いにはコンビニやドラッグストア，ファミレスや居酒屋，学習塾やスポーツジムなど，さまざまな商店やサービス提供業者が軒を並べている。ある日，1軒の花屋が閉店し，コンビニに生まれ変わった。ほどなく，その近くのコンビニが閉店し，学習塾に変わった。その新しい学習塾の両隣も学習塾である。新しい道路が開通し，古い道路沿いにあった1軒のコンビニがゲームショップに変わり，そのコンビニのオーナーは近くの別の場所に新しい店舗をオープンした。こうした変化は街中の店舗に限られるものではない。さまざまな企業が多様な競争を展開して，栄枯盛衰を繰り返している。

　どうすれば企業は存続したり，成長したりできるのであろう。中小企業であれ，大企業であれ，企業は競争に勝ち抜いていく必要がある。しかし，他社と同じことをしながら，闇雲に，受動的に競争すれば良いというものではない。企業が行っている個々の事業それぞれにおいて，競争上で優位に立つ努力が必要である。事業の置かれた環境に応じて，必要な経営資源を獲得し，獲得・蓄積した経営資源を適切に活用し，競争優位を構築し続けることが必要である。こうした競争優位を構築し続けるためには競争戦略が不可欠である。

図表12-1 カフェチェーン店の比較

	ドトールコーヒー	スターバックス	コメダ珈琲店	タリーズコーヒー
ドリンク	49種	75種	61種	38種
フード	16種	32種	64種	72種
コーヒー価格	224円	319円	430円	335円

注）各社のホームページより2021年9月22日に作成。ドリンクのサイズの違いは数え上げず，ホットとアイスは別々のメニューとしてカウントした。また，コーヒー一杯の内容量は各社異なっている。コーヒー価格はすべて税込みである。

⑵ カフェ業界の競争

　喫茶店業界の売上高は1982年をピークにして減少傾向で，喫茶店の店舗数も同様に減少傾向である。しかし，店舗数の減少は緩やかになっており，売上高については2010年代に入って下げ止まりの兆しが見えている。そうした喫茶店業界で中心的な存在がコーヒーチェーン店である。店舗数の1位はスターバックスコーヒージャパンで1,581店舗，2位はドトールコーヒーで1,091店舗，3位がコメダで873店舗，4位がタリーズコーヒージャパンで747店舗と続いている[1]。

　スターバックスは1業態で，セルフ式で1,581店舗を全国展開している。経営理念は「人々の心を豊かで活力あるものにするために。1人のお客様，1杯のコーヒー，そして1つのコミュニティーから」を掲げている。ドトールの主業態はセルフ式で，1,091店舗を全国展開している。経営理念として，「1杯のおいしいコーヒーを通じて，お客様にやすらぎと活力を提供する」を掲げている。

　コメダの主業態はフルサービス式のコメダ珈琲店で，47都道府県に873店舗を展開している。「くつろぐ，いちばんいいところを皆様に」を経営理念に掲げて，「いつも同じ味の珈琲を楽しめる安心感」を標榜している。タリーズはセルフ式で全国展開している。経営理念として「1杯の珈琲を通じて，お客様，フェロー，社会に新しい価値を創造し，共に成長する」を掲げている。

　どのコーヒーチェーンもコーヒーへのこだわりを持っているが，展開している店舗の形態やサービスは多様であり，競争戦略も多様である。

2．競争の構造

　ドトールやスターバックスだけでなく，個人営業のカフェや喫茶店なども含めて互いに客を奪い合っているという競争の姿は想像しやすいが，競争はそうした同業者同士の競争だけではない。ポーター（M. E. Porter［1995]）は，業界の競争状態を5つの競争要因に分解して，その状況に応じて業界の基本的な収益性が異なることを見いだした。

　5つの競争要因は，①競争業者，②新規参入業者，③代替品，④供給業者，⑤買い手という5種類の競争相手がもたらす競争圧力である。①〜③の競争相手が一般的な競争の考え方でもある，顧客を奪い合う競争である。それに対して④や⑤は協調関係も模索されながら，分け前（利益）を奪い合う競争である。

　自社業界を取り巻く環境を分析し，自社業界の収益力を含めた魅力を把握し，競争の状況を把握するための枠組みはファイブフォース（5フォース）分析と

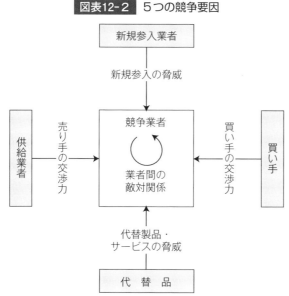

図表12-2 5つの競争要因

出所：ポーター［1995]，p.18。

も呼ばれる。競争状況をこの5つの要因で分析し，業界全体としての潜在的収益性を把握した後に，業界内部の競争構造も明らかにする必要がある。業界の収益性を高める要因には**図表12-3**のようなものがある。

　カフェ業界では，既存競合者同士の敵対関係は，ケースに紹介した以外にも多くのチェーン店があり，個人店も含めると激しい競争が繰り広げられている。

図表12-3 収益性を高める競争状況

①競争業者間の対抗度の弱さ
- 業界の集中度が高い（競争業者の数が少ない，または規模とパワーに差がある）
- 産業の成長率が高い
- 固定費が小さい，または在庫費用が小さい
- 製品が差別化できる，またはスイッチング・コストがかかる
- 生産能力の拡大が小刻みにできる

②新規参入の脅威の小ささ
<参入障壁が高い>
- 規模の経済性が強く作用する
- 規模に関係のないコスト面での不利（経験効果）
- 大規模な運転資金が必要である
- 流通チャネルへのアクセスが困難である
- 製品差別化の程度が高い
- 政府の政策や法律で保護・規制されている
<予想される反撃が強い>
- 以前に強力な反撃を受けたことがある
- 既存企業の経営資源が豊富である
- 産業の成長率が低い

③代替品の脅威の小ささ
- 代替品と考えられるものが少ない
- 代替品のコスト／パフォーマンス比が急速に向上していない
- 代替品の業界は高い利益率を上げていない

④売り手の交渉力の弱さ
- 売り手グループの集中度が低い
- 売り手にとって，当該業界の企業が重要な買い手である
- 売り手製品が代替品と競合している
- 売り手の製品が差別化されていない
- 買い手にとってスイッチング・コストが発生しない
- 売り手製品が，買い手製品の品質に大きな差をもたらさない
- 売り手が前方統合できない
- 買い手が最終ユーザーの意思決定を左右できる

⑤買い手の交渉力の弱さ
<買い手のパワーを弱める要因>
- 買い手グループの集中度が低い，または買い手の購入量が売り手の売上高に占める割合が小さい
- 売り手の製品が標準化されておらず，差別化されている
- 買い手にとってスイッチング・コストがかかる
- 買い手の後方統合ができない
- 買い手である卸売業者や小売業者が最終ユーザーの意思決定を左右できない
<買い手の価格センシティビティを低める要因>
- 売り手の製品の価格が買い手の製品のコストに占める割合が小さい
- 買い手の利益水準が高い
- 売り手が供給する製品が買い手の製品の品質に大きな差をもたらす

出所：網倉久永／新宅純二郎［2011］，pp.73-74より作成。

ファーストフード，コンビニなどが次々と新規参入している。コーヒー以外の清涼飲料水も多く，また家庭でも簡単にコーヒーが飲めるので，代替製品・代替サービスの脅威は大きい。安価なコーヒーの出現で消費者の感応価格は低下しており，買い手の交渉力は高く，円安原材料高による製品原価の増加によって，供給業者の交渉力も高くなっている。カフェ業界は，あまり魅力的な業界でないことがわかる。

　もちろん，同じ業界で事業を営む企業でも，収益性にはばらつきがあり，戦略も多様である。業界内の企業を戦略的な特徴を軸にして分類することによって，戦略グループ（業界内部で類似した戦略を採用する企業群）を発見することができる。その際，移動障壁（戦略グループ間の移動に対する障壁）を決める要因を使って戦略的な分類をすることが望ましい。

　このように，業界内外の競争状況を把握し，それに基づいて，業界の中での競争するための基本戦略を定め，業界内での自社のポジションを見定め，そのポジションを守りぬくためのユニークな競争戦略を定めることが重要である。

3．基本の競争戦略

　業界内での競争上の優位を築くために独自の競争戦略を策定することになるが，その際，基本戦略のタイプに沿って競争戦略を考えることが必要となる。競争優位を低コストに求めるか差別化に求めるかという次元と戦略ターゲットの広がりの次元によって，3つの基本戦略がある。

図表12-4　3つの基本戦略

戦略の有利性

		顧客から特異性が認められる	低コストの地位
戦略ターゲット	業界全体	差別化	コスト・リーダーシップ
	特定セグメント	集　中 （差別化集中）	（コスト集中）

出所：M. E. ポーター［1995］，p.61に筆者加筆。

(1)　コスト・リーダーシップ戦略

　コスト・リーダーシップ戦略は，競争業者と比較してコスト面での優位なポジションで競争しようとする戦略である。コストを低くすることで違いを作る戦略であって，ただ単に安く売るということではないが，競争業者よりも低い価格で販売することが一般的である。カフェ業界では，ドトールが1杯のコーヒーの価格を低く抑えるコスト・リーダーシップ戦略を採用している。

　コスト優位を実現させる要因には，

　① 　規模の経済：一度に大量の製品を生産することによって，少量を生産する場合よりも，単位当たり費用が減少すること

　② 　範囲の経済：複数種類の製品やサービスを提供する場合，それぞれを個別に提供するよりも，総費用が低くなること

　③ 　経験曲線効果：大量に生産していく中で経験が蓄積され，次第に1つひとつの製品が安く作れるようになること

がある。シェアが高くないと規模の経済が実現できず，経験曲線効果も発現しないので，高い市場シェアの実現が必要不可欠である。

　市場ニーズが変化して，価格の安さ以外を顧客が望むようになると売上げが低迷し，シェアが低下することになるので，差別化を戦略としている企業の動向には常に注意する必要がある。また，生産技術のイノベーションによって，競争企業が低いコストを実現するとコスト・リーダーではなくなるので，生産技術の動向にも注意を払う必要がある。

(2)　差別化戦略

　差別化戦略は，価格以外で特徴的な部分を作り出し，優位性を築く戦略である。「製品やサービス」面で違いを作り，多少価格が高くても顧客が買いたいと思うような価値を作り出すことが求められる。

　差別化のポイントには，製品・サービスそのものの機能や品質・デザインの違いを作り出す，ブランドで違いを作り出す，販売チャネルで違いを作り出す，顧客サービスで違いを作り出すなどがある。カフェ業界では，ゆったりとした空間でのサービスを提供しているスターバックスや，フードメニューも充実させているタリーズコーヒーが差別化戦略を採用している。

　差別化戦略における違いが，提供者の思い込みでは意味がない。顧客が認識できる「違い」を作る必要がある。また，コストを無視してよいということではない。許容される価格増は「違い」に対する支払い程度までとなる。

　差別化が成功するためには，市場細分化（セグメンテーション）を適切に行い，ターゲティングする必要がある。特定のマーケティング・ミックスに対して類似の反応を示すセグメントに分割することによって，「セグメント内では同質，セグメント間では異質」を実現して，ターゲティングも明確化できる。一般的には，地域別や年齢別，ライフスタイル別などでセグメンテーションが行われるが，そうしたセグメンテーションでは有効な差別化は実現しがたい。ユニークなセグメンテーションの基準を発見することが，差別化の成功には欠かせない。

　ただし，「違い」が特殊であればセグメントは小さいので，違いによっては必ずしも大きな市場シェアが確保できるわけではない。セグメンテーションによっては，複数のセグメントにターゲティングすることも必要となる。また，「違い」はいつまでも高く評価されない。市場ニーズの変化には常に注意して，市場ニーズに基づく差別化を追求し続ける必要もある。さらに，マネされやすい差別化はすぐに効力を失うので，競争業者が簡単には模倣できない差別化を目指さなければならない。そのためには，模倣のしにくい事業システムでの差別化が有効である。

(3)　集中戦略

　集中戦略は，特定のセグメントに絞ることで優位性を築く戦略である。特定のセグメントに特化し，「製品やサービス」での違いで優位性を築く差別化集中と「コスト」で違いを築くコスト集中がある。カフェ業界では，全国展開しておらず，フルサービスで東海地域を中心に出店しているコメダが差別化集中戦略を採用している。

　経営資源を有効活用し，効果的・効率的な競争を展開するために，特定の市場分野，特定の顧客，特定の地域，特定のチャネルなどのセグメンテーションが焦点となる。特殊なターゲット向けへの「違い」を追求しすぎて，他の企業とのコスト面での差が大きくなりすぎてしまう可能性があるので，コスト増が

顧客の許容範囲を超えないように注意しなければならない。

　当初は特殊なターゲットに向かう隙間市場（ニッチ市場）に集中していても，そのニッチが大きくなることがある。その場合，ターゲットとしているセグメントに多くの競争相手が参入してくる可能性があるので，集中している市場への移動障壁をつくっておくことも必要である。

4．市場地位と競争戦略

　基本となる競争戦略を考えるためのもう1つの視点が，業界内での市場地位である。代表的な市場地位には次のようなものがある。

① 　リーダー：市場におけるトップシェアの企業。量的にも質的にも優れた経営資源を保有している。

② 　チャレンジャー：リーダーに次ぐシェアを保持しており，リーダーに競争をしかける企業。量的には優れた経営資源を保有していても，質的には相対的にリーダーに劣っている。

③ 　ニッチャー：小さくても，特定の市場で独自の地位を築いている企業。質的には優れた経営資源を保有していても，量的にはリーダーに劣っている。

④ 　フォロワー：リーダーやチャレンジャーを模倣し，市場での地位を維持している企業。量的にも質的にも経営資源に恵まれていない。

　リーダーのとる戦略には，フルライン戦略（幅広い製品を提供して，市場全体にターゲットする）や同質化戦略（競争企業の差別化に対応して差別化効果を打ち消す）がある。チャレンジャーのとる戦略には差別化戦略がある。フォロワーの戦略にはリーダーやチャレンジャーの模倣戦略やコスト集中戦略がある。模倣戦略の場合，コストを低く抑えることが鍵となる。ニッチャーの戦略には差別化集中戦略がある。

●注 ─────────────

1　2020年8月12日の状況。

第 13 章

会社全体の戦略

Key Words

成長ベクトル，多角化戦略，垂直統合戦略，製品ライフサイクル，
範囲の経済，シナジー，M&A，戦略的提携

1．全社戦略の考え方

　多くの大企業は複数の事業を営んでいるので，企業全体としてどのような事業を展開するかを考える必要がある。中小企業の場合でも，成長を目指す場合に，どのような事業を手がけるかは重要となる。そうした観点で，企業全体の将来に関わる戦略が全社戦略である。

(1)　事例：旭化成

　1922年，宮崎県延岡市で旭絹織株式会社が創業された。現在の旭化成株式会社である。創業当時，アンモニア合成の企業化と水力発電所の建設で始まった事業は，電力の有効活用としての食塩電解による苛性ソーダの製造開始から多角化の道を歩み始める。

　アンモニアは当初硫安の製造に使われ，その有効利用策として，1933年に「ベンベルグ」が事業化され，さらに苛性ソーダを利用したレーヨンの事業化が進み，繊維メーカーとしての地歩が固められた。また，アンモニアから合成された硝酸を用いて，1934年には塗料原料硝化綿の製造を開始し，その後，塗料原料事業へと発展した。

　苛性ソーダの製造時に併産される塩素の有効利用として，1935年に化学調味料グルタミン酸ソーダの生産を開始し，これが食品事業の出発点となった。そ

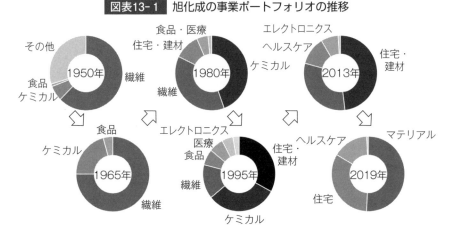

図表13-1　旭化成の事業ポートフォリオの推移

出所：旭化成の2015年版会社案内，2019年の数値については「第129期有価証券報告書（2020年3月）」より作成。

　の後，製法が発酵法に転換され，発酵の技術は医薬品事業へとつながった。旭化成は，既存資源の有効利用によって，有機的な事業展開を図ってきた。

　こうした事業展開に加え，思い切った新規事業への展開も図られてきた。軽量気泡コンクリート「ヘーベル」の企業化は，建材事業，さらにはヘーベルハウスなどの住宅事業へと発展した。ナイロンは繊維事業の総合力強化を図るために始められ，合成ゴムは石油化学事業拡大を目的としていた。

　旭化成は，一見異質の事業分野に進出し，辛抱強くその事業を継続し，次々と業界でのシェアを高めてきた。もちろん，手がけた事業すべてを継続しているわけではない。2002年には焼酎および低アルコール飲料事業を，2003年には清酒・合成酒関連事業を売却して，選択と集中も実施してきた。

　2019〜2021年の中期計画では，環境＆エネルギー，モビリティ，ライフマテリアル，ホーム＆リビング，ヘルスケアの5つを「価値提供分野」として設定し，企業価値の向上を図りながら，持続可能な社会への貢献を目指している。

⑵　成長ベクトル

　旭化成は多角化で成長してきたが，企業成長は多角化だけでなされるのではない。アンゾフ（H. I. Ansoff [1969]）は事業を市場と製品の組み合わせで表して，

図表13-2　成長ベクトルの構成要素

製品・サービス

		既存	新規
使命（ニーズ）	既存	市場浸透	製品開発
	新規	市場開拓	多角化

出所：H. I. アンゾフ［1969］, p.137.

成長の4方向を示した。

　市場浸透は現在の市場－製品でシェアを上げて成長を目指す。既存顧客の購入量を増加させたり，競争企業の顧客を自社顧客に誘引したり，まだ使用していない潜在顧客を説得するなどして，既存顧客への販売量増加と潜在顧客の掘り起こしで実現される。

　製品開発は，現在の市場の顧客向けに新製品の開発・導入を行って成長を目指す。性能改善・機能追加や市場になかった製品の開発だけでなく，他の市場では既知の製品を既存市場で販売することも含まれている。既存の販売チャネルを利用できるので，販売コストを低減できる。

　市場開発は，現在の製品を新しい市場で販売して成長を目指す。潜在的なユーザーを発見したり，新しい販売チャネルを構築したり，新しい販売地域へ進出することで実現される。新規出店や海外進出などは既存製品の量産効果を高めるが，多額の資金も必要となる。

　新たな製品・サービスを開発し，新たなニーズを探求する成長方向が多角化である。一般に，多角化は自社内における事業の範囲を広げる戦略であり，複数の事業間に関連性がある関連多角化と関連がない非関連多角化に分けられる。アンゾフが成長ベクトルで示した多角化は非関連多角化ということになる。製品開発や市場開発と関連多角化の相違は既存市場あるいは既存製品との違いの大きさであるが，実践的には，事業部で分離しているかどうかで判断される。いずれにせよ，多角化するか否かの判断は重要である。

２．多角化戦略

　自社内における事業の範囲を拡大させ，複数の事業を運営する多角化戦略によって環境変化への適応能力が向上するが，多角化は重複した資源保有によるコスト上昇というデメリットも有している。ここでは，多角化の理由とその方法について考えよう。

(1)　製品ライフサイクルと多角化
　ある製品，あるいは製品群が市場に登場してからやがて消え去るまでに，その売上と利益がたどる変化を製品ライフサイクルと呼ぶ。一般的に，導入期，成長期，成熟期，衰退期の４段階に分けられる。
　導入期には製品が市場に出され，売上が徐々に増えていくが，導入のためのコストが必要なために利益は少ない。成長期には製品が急速に受け入れられ，売上も利益も急速に増える。成熟期には，潜在的な顧客にはほぼ受け入れられているので，売上が鈍化し，競争のためのマーケティング支出が増えるため，利益は横ばいか減少する。衰退期には売上も利益も減少する。
　すべての製品や製品群がこの４段階をたどるわけではない。導入期で消え去る製品や成長期の後に衰退期になる製品もある。成熟期が長い製品があれば，衰退期の後のマーケティング努力で再び成長期に戻る製品もある。
　いずれにせよ，いかなる製品や製品群もいつまでも売れ続けるわけではないので，１種類の製品群に頼って企業運営していると，その製品群の衰退と共に企業も衰退することになる。複数の事業を手がけることで，市場の衰退に伴う売上の停滞に対応でき，さらに，将来の市場の衰退のリスクを分散することが可能となる。
　多角化によるリスク分散は将来に備えるだけではない。複数の事業を持つことによって，季節などの周期的な需要変動への対応や為替の急変に対する業績低迷などへも対応することが可能となる。このようなリスク分散のためには，製品ライフサイクルが異なる事業への進出が望ましいことになる。

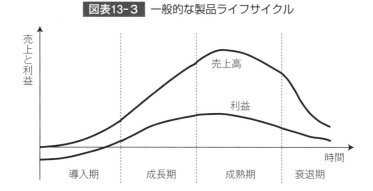

図表13-3 一般的な製品ライフサイクル

(2)　多角化の積極的な理由

　多角化は，製品ライフサイクルの推移に対応する防衛的な目的だけで行われるわけではない。成長を目指す積極的な理由もある。

　企業はヒト，モノ，カネ，情報といった経営資源を集めたものであり，事業においてそれらの経営資源を活用している。保有している経営資源をちょうど使い切ることはほとんどできないので，常に何らかの資源の余剰が存在している。そうした未利用資源の有効活用を目的として多角化が行われることがある。旭化成が創業当初，自社所有する水力発電所の余剰電力を利用しようとして苛性ソーダ製造を始めたのがこの未利用資源の活用である。

　複数の製品やサービスを提供する場合の費用が，それらを個々に提供する場合の費用より安くなることを範囲の経済という。副産物の有効活用や活動の共通化によって範囲の経済は実現される。この範囲の経済の実現を目指して多角化が行われることもある。旭化成の多角化は副産物を活用するタイプの範囲の経済を追求したものであった。

　製品開発方向の多角化の場合には販売やマーケティング，保管や配送の共通化が期待できる。市場開発方向の多角化の場合には，調達や研究開発，生産活動の共通化が期待できる。こうした活動の共通化の場合，その活動がコアコンピタンス（顧客に対して，他社には真似のできない特徴的な価値を提供する企業の中核的な能力）であれば，範囲の経済は大きくなる。

　複数の事業を展開することによって，単一事業では享受できない効果〔複数

事業による複合効果（シナジー効果）］の恩恵に浴することもある。シナジー効果は「企業の資源から，その部分的なものの総和よりも大きな一種の結合利益を生みだすことのできる効果（アンゾフ［1969］, p.99)」である。範囲の経済が節約効果であるのに対して，シナジーは資源の組み合わせによる大きな効果を意味している。例えば鉄道会社が百貨店を経営する場合，資源の共通化によるコスト低下は想定できないが，駅と百貨店の利用者増というシナジー効果が期待される。

(3)　多角化のタイプと成果

リスク分散や範囲の経済の追求，シナジーの追求などさまざまな理由で行われる多角化であるが，そのタイプは多様である。多角化を分類する量的尺度には，売上高に基づく特化率（最大事業売上高／総売上高），垂直比率（垂直的に関連する最大の事業グループ売上高／総売上高），関連比率（関連性を持つ最大の事業グループ売上高／総売上高）がある。質的尺度としては資源展開のパターンがある。

多角化のタイプはこれらの尺度を用いて，①専業型，②垂直型，③本業中心型（集約的本業中心型・拡散的本業中心型），④関連型（集約的関連型・拡散的関連型），⑤非関連型に分類される。

どのような多角化でも，同様に経営成果が得られるわけではない。一般的に，非関連型多角化は成功する確率が低く，関連型多角化は成功の確率が高いといわれている。さらに，関連する要素が多いほど成功の確率が高くなるといわれている。しかし，関連性が高ければ高いほど得られるメリットは限定的になるので，多角化の関連性についてのバランスをとることが重要となる。特化率が比較的高く，資源集約的な多角化（中程度の多角化）で収益性が最も高くなるといわれている。それに対して，企業の成長性は多角化の程度が高くなるほど大きいといわれている。収益性と成長性のバランスで，どのような多角化を進めるかを考える必要がある。

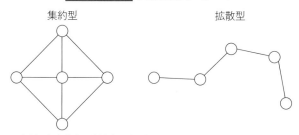

図表13－4　資源展開のパターン

集約型　　　　　　　　　　　　　拡散型

出所：網倉久永／新宅純二郎［2011］，p.347。

⑷　多角化の方法

　多角化に向かう成長の方法は2つある。1つは内部志向の資源蓄積であり，もう1つが外部志向の資源獲得である。内部志向の資源蓄積は，企業内部の経営資源を活用して，新規に事業を開発する多角化の方法である。既存の経営資源とかけ離れた資源を獲得することは困難であるので，事業領域が関連分野に限定されやすいという特徴がある。また，新規採用による人の確保や研究開発による情報資源の蓄積のように，時間をかけて資源を蓄積することになるので，事業展開のスピードは遅くなりがちである。

　外部志向の資源獲得は，企業外部の経営資源を活用して，新規に素早く事業を開始する方法である。M&Aと戦略的提携がある。

　M&Aは企業合併（Merger：2つの企業が1つに合同して新企業をつくる）と企業買収（Acquisition：ある企業が別の企業・事業を買収する）のことである。多角化の場合，既存の自社資源に能力の異なる新たな資源を素早く加えられるので，多角化の速度を買うことになる。M&Aは多角化以外の目的で行われることも多い。規模の経済の追求や市場シェアの拡大が目的となる同じ事業の獲得も行われることがある。

　M&Aには，素早い多角化のようなメリットがあるが，リスクもある。事前に入手できる情報が制限されるため，期待どおりの成果がでなかったり，企業文化が異なるため，2つの企業を実質的に統合できなかったりして，失敗するM&Aも少なくない。

　戦略的提携は，複数企業によって製品やサービスの開発・製造・販売などに

関する協力的な関係を結ぶことである。戦略的提携には，製品・サービスの開発・製造・販売等に関する契約を通じた協力関係のような業務提携と複数企業が共同で出資して事業を始めるジョイント・ベンチャー（合弁事業）がある。M&Aと同様に素早い事業開始が可能であるが，M&Aのように巨額のコストが必要ないという特徴がある。

　ただし，戦略的提携にもリスクがある。1つは，提携企業間の信頼問題である。提携した行動を取らないかもしれない，機密情報を他に漏らすかもしれないというリスクが常に存在している。また，企業文化の違いによって，互いに理解できずに戦略的提携の行動にくいちがいが生じる可能性もある。

　多角化の諸方法にはそれぞれメリットもデメリットもある。既存の経営資源の活用可能性や多角化する速度，多角化に投資するコストなど総合的に判断して内部資源の蓄積にするのか外部資源の獲得にするのかを決定しなければならない。

3．垂直統合戦略

　同一製品分野内で取引関係にある活動単位へ進出して企業活動の範囲を拡大することを垂直統合と呼ぶ（網倉久永／新宅純二郎［2011］，p.389）。垂直統合戦略は，バリュー・システム（第15章）のどの段階を自社の事業とするかという決定である。バリュー・システムでは，価値を付加していく過程を川にたとえて，最終消費者に近い段階を川下，遠い段階を川上と称している。

　納入業者や研究開発機能をもつ会社を買収し，内部化する場合や部品や素材を供給する資源を自ら蓄積する場合が後方統合（川上統合）である。それに対して，販売流通の会社を買収し，内部化する場合や販売流通するための資源を自ら蓄積する場合が前方統合（川下統合）である。

　垂直統合した活動の効率性を追求すると，自社内取引だけでなく社外とも取引を行うことが多くなるので，垂直統合は活動の範囲を拡大するだけでなく，事業の範囲を拡大することが多くなる。そのため，垂直統合戦略は特殊な多角化と考えられている。

第 14 章

戦略を転換する

Key Words

競争優位，能力，戦略転換，顧客価値，戦略学習，現場学習

1．事例：ホンダのアメリカ進出[1]

(1)　転がり込んだ成功

　1959年に，英国のオートバイメーカーが49%のシェアを持っていたアメリカ市場で，わずか数年後の1966年にホンダの米国市場シェアは63%に達したという。後に，英国政府から依頼を受けたボストン コンサルティング グループはホンダの成功を，「日本における高いマーケットシェアを背景にして，経験曲線による生産コストの優位性を武器にして，小型バイクのニッチ市場に焦点化した結果」と分析した。極めて合理的で，納得できる分析結果ではあるが，当時のホンダは小型バイク市場に焦点を合わせていたわけではなかった。

　ホンダは，当初，アメリカ市場で普通の大きさのバイク（中型・大型バイク）を販売しようとしていた。1959年にアメリカ市場に進出した際の主力販売車種はドリーム（250cc，350cc）であった。進出当初の8カ月間はスーパー・カブを販売してはいなかったのである。販売がうまくいかない中，営業を行っていたホンダの社員が乗っている50ccバイク（スーパー・カブ）が注目を集め，シアーズのバイヤーからの問い合わせも出てきていた。それでも，ホンダは当初の計画通り，男性的というアメリカ市場のイメージに従って，中型バイクの販売を続けていた。しかし，主力商品のエンジンが焼き付くというトラブルが発生し，販売停止状態に陥ってしまった。窮余の一策として，スーパー・カブを

主力として販売した結果，それがヒットし，瞬く間にシェアを伸ばしていった。
　このホンダの成功は綿密な計画の結果と言うよりは，成り行きをうまく取り込んでいる印象が強い。計画的に物事を実行していくことも重要ではあるが，同時に，いかにして現状に応じて活動するかと言うことも等しく重要であることをこの事例は教えてくれる。当時のアメリカ市場で一般的であった大型バイクでのアメリカ市場進出という戦略は，当時はマイナーであった小型バイクでのアメリカ市場進出という戦略へと変更された。このような現場での環境適応から発生する戦略は創発戦略と呼ばれる。しかし，創発戦略をそのまま継続する必用はない。

⑵　戦略の転換

　会社や事業の将来像を示すビジョンは，会社の持つ能力を前提に描かれる。ビジョンと現実とのギャップを埋めるために何をなすかという戦略が構想される。戦略はそれだけでは能力を変化させない。戦略は日常活動を導く。日常活動は戦略の示す方針と共に環境の変化に対応することで柔軟に変化していく。その積み重ねが能力の変化をもたらし，変化した能力が新たなビジョンを導く。創発戦略によって，当初想定されていたものとは異なる能力が蓄積される。それに応じてビジョンを変化させても良いし，当初のビジョンと照らして新たな戦略を展開しても良い。

　ホンダは世界一という大きなビジョンのステップとして世界進出の先陣としてアメリカ進出のビジョンを持ち，当時のアメリカのオートバイ市場（大型バ

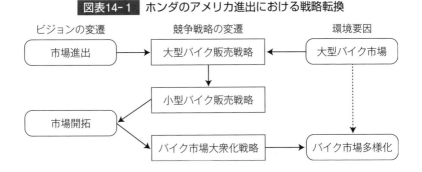

図表14-1 ホンダのアメリカ進出における戦略転換

イク市場）に合わせた自社販売網を確立するという戦略（大型バイク販売戦略）を打ち出した。主力販売車種の故障など計画どおりには進まなかった。結局，主力と位置づけていなかったスーパー・カブの成功を背景にして，当時のアメリカでは一般的ではなかった小型オートバイを販売する戦略（小型バイク販売戦略）に変更して，小型オートバイの自社販売網という能力を築くにいたった。小型オートバイ販売戦略は単純にそのまま継続されたわけではない。その後に構想された戦略によって導かれたアメリカでの現場活動は，単に小型バイクを販売するだけでなく，アメリカのオートバイ市場のイメージを変化させるキャンペーン活動（ナイセスト・ピープル・キャンペーン等）を含むものへと変質している。

　ホンダが抱いていた当初のビジョンは，既存アメリカ市場に合わせた車種展開という《市場進出》であった。小型バイク販売戦略という創発戦略の発生を受けて，ホンダのビジョンはアメリカのオートバイ市場を変質させるという《市場開拓》へと変化した。そのビジョンを受けるかたちで，小型バイク販売戦略は，当時のオートバイ市場の邪悪なイメージを払拭しつつ小型バイクを販売する戦略（バイク市場大衆化戦略）へと変化している。バイク市場大衆化戦略は，その実現の後にオートバイのフルライン化戦略へと転換がなされていった。戦略転換は現場の実情に合わせて行われてきたが，市場進出から市場開拓へのビジョンの変化が，こうした戦略転換の背景には存在している。

2．競争優位と能力

　ホンダの事例は環境変化への対応が競争戦略を転換させることを示している。では，ビジョンとはなんであろう。そして競争戦略策定の要は何であろう。競争戦略は単なる提示されたビジョンではなく，また目標でもない。多様な競争相手との関係の中でユニークな企業になる包括的な方策である。

(1) 顧客価値と優位性

　同じ製品（例えば，ペットボトル入りのお茶）を購入する場合，一般的に売価が高いコンビニで買う消費者もいれば，冷えていなくても安く買えるディス

カウントストアで買う消費者もいる。品揃えが良く他の商品も買えるスーパー
で買う消費者もいる。単純化すれば，便利さ，低価格，あるいは豊富な品揃え
が顧客の視点で見たそれぞれの店舗あるいは業態が選択される強みである。

　もちろん，同じ業態でも，個別店舗間の相違は存在する。通りのどちら側に
あるかでコンビニの来客数は異なる。同じスーパーでも，品揃えや陳列手法は
異なる。その相違が顧客の来店の傾向を変える。小売店だけではなく，類似商
品でも売れる商品と売れない商品が存在する。類似サービスでも売れ行きは異
なる。行列のできるラーメン屋があれば，閑古鳥の鳴くラーメン屋もある。

　偶然だけで差異ができるわけではない。生き残る企業，成長する企業は顧客
から選ばれる何かしらの価値（顧客価値）を提供している。コンビニで緑茶を
買う消費者は，単なる緑茶の対価ではなく，「そのコンビニの緑茶」に対価を
支払っている。ある店で緑茶を購入した顧客は緑茶を選んでいると同時に，コ
ンビニを選んでおり，そのチェーンを選んでおり，さらにはその店を選んでい
る。ある店でお茶を買う顧客はお茶とその店が「顧客に選ばれる強み」の総体
に対して対価を支払っている。その店が提供している顧客価値はまさにこの
「顧客に選ばれる強み」であり，それこそがその店の優位性である。

(2)　効率的活動と能力

　小売店を営む場合に，単純に客を呼び込むことだけを考えれば，24時間営業，
豊富な品揃え，低価格，広い駐車場，多くの店舗，…など，品揃えと価格，便
利さなどの強みすべてを備えた店舗網を展開すればよいだろう。しかし，この
ような店舗網は早晩倒産するだろう。他の条件が同一で，価格が高ければ，販
売量が少なくなり，利便性を高くすれば人件費や光熱費，地代など費用は高く
なる。品揃えをよくすれば，店頭や倉庫での在庫費用が増加する。顧客に選ば
れる強みは，他社や他業態と比較して費用を増加させる傾向が高く，儲けを阻
害する要因にもなる。会社が存続できるということは，「顧客に選ばれる強み」
で「お金」が流入すると同時に，そこに必要な活動に対して過大な費用を支払
わず，「お金」の流出を少なくできる提供者の立場での「儲けられる強み」が
あるのである。

　価値を測定する場合，商品の提供に使われた費用を基準とする労働価値の考

え方がある。労働価値は売買対象を作り出すのに要した労働力への支払として測定される。1企業だけでは，労働の対価は費用の一部であるが，売価が労働価値だけで計算されるとすれば，原材料や設備なども労働価値で表現されるので，地代と税金を除けば，費用そのものということになる。先に述べた顧客価値（優位性の対価）が希少性による割り増し（あるいは割り引き）であるとすれば，「儲けられる強み」はより低い労働価値で（無駄な活動をなくして）「選ばれる強み」としての優位性を実現する「現場活動の総体」であり，これこそがその企業の能力である。

　必要な時に必要な活動がなされて顧客価値を提供できる儲けられる強みはさまざまな形態で蓄積される。例えば，帳簿や報告書，データベースのように，必要に応じて参照できるようにストックされたデータの形態で蓄積される。あるいは，人と人との協力関係としての組織や，設備と設備の連携としての設備システムのように，活動を連結するシステムの形態で蓄積される。また，個々人が持っている技能や，集団単位に共有される文化のように，人に蓄積される。こうした多様な形態で蓄積された能力こそが儲けられる強みとなる。

3. 競争戦略の学習サイクル

(1) 戦略学習と現場学習

　ホンダのアメリカ市場開拓事例に見られる「能力－ビジョン－競争戦略－日常活動」が織り成すサイクルは2つの学習サイクルに分割できる。1つは戦略的フィットを生みだす戦略学習である。ビジョンを背景として競争戦略が構想され，競争戦略に従って能力が蓄積されると期待される。能力の変化はビジョンの転換を可能とし，それは戦略転換を導く。計画性・合理性を基調とする戦略転換の学習サイクルであり，トップマネジメントの学習局面である。

　もう1つは，現場学習である。現場学習のサイクルにはコントロールの困難な環境への対応を求められる日常活動がある。そのため，構想された競争戦略で想定するようには必ずしも活動を遂行できない。しかし，その結果として蓄積される能力は環境との関係を組み入れたものとなる。環境対応を重視し，現場学習によって実現された能力に応じた活動を重視すれば，競争戦略は創発戦

図表14－2 戦略学習と現場学習のサイクル

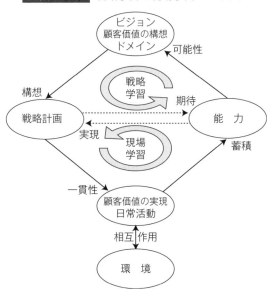

略を組み込んで実現される。

　「提供しようとする顧客価値」の構想はその事業に対する姿勢そのものであり，まさにそれが戦略を先導するビジョンである。ホンダのアメリカ進出の例では，先に述べたように，国際基準で安く生産できる能力に基づいた市場進出ビジョンであったが，その後には手軽に使える大衆向けオートバイの概念普及を考えた市場開拓ビジョンへ変化した。戦略は現場対応に応じた戦略転換（大型バイク販売戦略→小型バイク販売戦略）とビジョンの変化に応じた戦略転換（小型バイク販売戦略→市場大衆化戦略）の両者が存在した。

(2)　戦略転換と競争戦略

　競争戦略とはビジョンを実現する活動システムの基本構想であり，例えば，差別化を宣言することが戦略なのではなく，その実現方法の現場への提示こそが競争戦略の中核である。ホンダの場合であれば，大型バイク販売戦略における販売する車種（ドリームやベンリイ等）と販売する方法（自主販売網）や，小型バイク販売戦略における販売する車種（スーパー・カブ）と販売する方法

（自主販売網）の提示が競争戦略の中核ということになる。市場大衆化戦略では小型バイク販売戦略の車種・販売方法に加えて，当時のバイクに対する邪悪なイメージを払拭するキャンペーンもその中核に加えられている。

　競争戦略を実施した結果はさまざまである。ホンダの場合，大型バイク販売戦略の結果として自主販売網は構築したが，販売車種はアメリカ市場に浸透はしなかった。小型バイク販売戦略は，現場対応の結果であるので，その販売車種であるスーパー・カブをアメリカ市場に浸透させた。市場大衆化戦略の結果，親が「ホンダだったら買ってあげる」という印象を持つに至った。ホンダ外部の消費者に蓄積されたこの印象は，自主販売網と共にホンダの能力の一部となっていった。

　ホンダの事例におけるビジョンの変化は小型バイク販売戦略によって構築された能力を背景としているが，もちろん必ずしもビジョンから戦略を考える必要はない。特別なビジョンがないままビジネスを続けている会社も少なくない。競争戦略すらないまま，同じ活動を繰り返しているだけの会社もある。それでも何かしらの能力は持っている。ビジョンや戦略は環境に応じて考えるように言われるが，企業における環境認知は現場活動を通じて行われる。能力は単純な社内事情だけではなく，現場が直面している環境への対応をも含んでいる。したがって重要なことは，今ある能力を起点としてビジョンへ，競争戦略へと戦略学習を進めることである。戦略学習を進展させ，競争戦略を提示することが現場学習を促進し，新たな能力を構築させる。新たな能力が提示した競争戦略で想定したものと異なっていてもそれは大きな問題ではない。現実に作り上げた能力に基づいて再びビジョンや競争戦略を考えればよいのである。

4．戦略転換の重要性と困難性

　第13章で事例として紹介した旭化成は，多角化戦略として開始した事業を粘り強く継続することで成功している。戦略は長期的に一貫性をもたらすことで戦略としての意義がある。他方，第11章で事例として紹介したコダックは，写真をドメインとする戦略にこだわりすぎたために衰退していき，写真にこだわらないビジョンを提示した富士フイルムは繁栄している。時には戦略を転換す

ることが必要であることは明らかである。

　しかしながら，戦略を転換することは容易ではない。現場における環境適応がどのように優れていても，その環境適応行動が企業の一貫した方向性へと組み入れられ，正当性を与えられなければ，現場はその行動を継続することができない。他方で，現場に自律性を与えすぎれば，戦略は一貫性の指針として機能しなくなる。

　戦略は企業が一方的に決定できるものではなく，環境によって一方的に押しつけられるものではない。自社の持つ能力と環境との相互作用の中から形成されるものである。その形成の過程において，トップマネジメントは中核的な役割を持つ。ホンダの事例に見られるように，トップマネジメントが現場対応を戦略に組み込むことで，新たな戦略に正当性が与えられることになる。

●注 ────────

1　H. ミンツバーグ［1999］『戦略サファリ』東洋経済新報社，pp.210-214，およびWeb上のホンダ社史『語り継ぎたいこと　チャレンジの50年』（http://www.honda.co.jp/50years-history/pdf/pp.120-127.pdf）を参照した。

第 **15** 章

戦略分析の基本

Key Words

PEST分析，３Ｃ分析，SWOT分析，VRIO分析，模倣困難性
バリュー・チェーン分析，PPM

1．環境と資源の分析手法

⑴　さまざまな戦略分析

　全社戦略にせよ競争戦略にせよ，戦略計画を策定する際には，企業あるいは事業の置かれた環境や自社資源について分析する必要がある。

　企業を取り巻くマクロ環境のうち，将来の事業活動に影響を及ぼす可能性のある政治的（Politics）・経済的（Economics）・社会的（Society）・技術的（Technology）要素を把握し，その影響度や変化を分析する手法にPEST分析がある。マクロ環境分析の基本ツールとして知られている。

　あるいは，戦略策定にあたって考慮すべき要素を顧客（Customer），競合（Competitor），自社（Company）とシンプルに３つに分類し，分析する３Ｃ分析もよく用いられる分析手法である。また，競争状況についての５つの競争圧力を分析する５フォース分析（第12章）は著名な環境分析の手法でもある。

　本章では，環境と資源の両方を分析するSWOT分析，資源について分析するVRIO分析，価値を付加する活動の連鎖を分析するバリュー・チェーン分析，複数事業間の資金の流れを分析するPPMを取り上げ，その内容を紹介しよう。

⑵　SWOT分析

SWOT分析は，企業の内部要因としての強み（Strengths）と弱み（Weaknesses），

図表15-1 SWOT分析とクロスSWOT分析

SWOT分析

内部要因	強み（Strengths）	弱み（Weaknesses）
	他社に比べて自社の強みは何か	他社に比べて自社の弱みは何か
外部要因	機会（Opportunities）	脅威（Threats）
	市場にはどのような機会があるのか	市場にはどのような脅威があるのか

クロスSWOT分析

	強 み	弱 み
機会	強みで機会を活かすために何をすべきか	弱みで機会を逃さないため何をすべきか
脅威	強みで脅威の悪影響回避に何をすべきか	弱みと脅威で最悪の回避に何をすべきか

外部要因としての機会（Opportunities）と脅威（Threats）という４つの視点から自社の能力と位置づけを分析する手法である。単純なSWOT分析は経営戦略を策定する初期段階に自社の置かれている現状を「客観的に把握するため」の分析である。

　企業の強みは競争優位を創出する経営資源や能力（ケイパビリティ：capability）のことである。他方，企業の弱みとは，強みがもたらす競争優位を実現する妨げになるような経営資源や能力のことである。企業にとっての機会とは，企業の競争上の立場を向上させるチャンスのことである。他方，企業にとっての脅威とは，企業の外部にあって，その企業の競争優位の実現を減殺するものである。

　単に強みと弱み，機会と脅威を列挙するだけでは経営戦略は策定できない。SWOT分析の最終的な目的はSWOTそれぞれの要素を組み合わせて戦略の内容について考案し，評価することにある。したがって，戦略策定の段階では，「強み」・「弱み」と「機会」・「脅威」をクロスさせ，対応すべき課題を抽出するクロスSWOT分析が行われる。戦略策定においては，その戦略が自社の強みを活かし，弱みを回避するか克服し，機会をとらえていて，脅威を無力化できるのかということを常に考えていなければならない。

2．内部資源の分析

(1)　資源の模倣困難性

　競争上の優位をもたらすと考えられる資源を有する企業があれば，その競争相手は同じような資源を保有しようと試みることがある。それが資源の模倣である。模倣には，同様の資源を保有しようとする直接的模倣と，同様の機能を持つ資源を保有しようとする代替による模倣がある。いずれにせよ，競合企業の競争優位をもたらす資源の模倣にはコストがかかり，コスト上の不利が大きければ大きいほど模倣は困難になる。

　模倣を困難にする要因は多様であるが，中でも以下の4要因が重要である。

① 　独自の歴史的条件：ある経営資源がその企業独自の歴史的要因で成り立っていたり，歴史的要因がなければ得られなかったものである場合，他社がそれを模倣することは困難となる。資源形成の経路依存性がある場合，同じ過去を再生しなければならず，模倣は困難である。

② 　因果関係のわかりにくさ：模倣の対象がよくわからない場合，模倣困難である。内部者には当たり前でも外部からはよくわからない場合，競争優位をどの資源がもたらしているかよくわからない場合，あるいは極めて多数の模倣対象のセットが優位をもたらす場合に模倣は困難となる。

③ 　社会的な複雑性：対象となる資源が物理的なものでなく，社会的な要因で形成されたものであれば，それを模倣するのは困難となる。企業内の相互コミュニケーション能力，組織文化，あるいは自社の評判などがある。

④ 　特許：特許などの知的所有権はそれが有効な期間は直接的な模倣を困難にする。しかし，特許そのものは代替模倣されることも多いので，特許そのものというより，特許を出し続ける能力と信用が模倣困難な資源となる。

(2)　VRIO分析の枠組み

　競争優位性をもたらす企業の内部資源を4つの視点，①経済価値（(Value)，②希少性（Rarity），③模倣困難性（Imitability），④組織（Organization）で分析する手法がVRIO分析である。①～③の評価対象は個別の資源であり，VRIO分

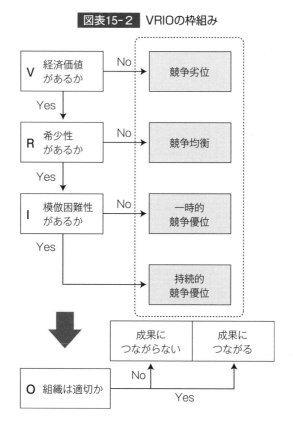

図表15-2 VRIOの枠組み

析を通してコアコンピタンス（中核能力）を発見することが主たる目的となる。

　ここで発見されたコアコンピタンスの評価がその企業の評価となっていく。次いで，④では，①～③の視点で評価されたさまざまな経営資源を活用する総体的能力が評価される。いわば，儲けるための基本的な能力の高さが評価されることになる。

①　価値に関する評価：その資源は外部環境における脅威や機会に適応することを可能にするか。価値がなければ，その資源は競争劣位である。

②　希少性に関する評価：その資源を現在保有している企業は少数か。希少でなくても，価値があればその資源は競争均衡である。

③　模倣困難性に関する評価：その資源を保有していない企業はその資源の獲得でコスト的に不利か。希少であれば，少なくともその資源は一時的競

争優位を持っており，希少で模倣困難であれば，その資源は持続的競争優
位を持っている。

④　組織に関する評価：自社が保有する資源がその戦略的可能性を十分に発
揮するように組織されているか。公式の命令・報告系統，報酬体系，マネ
ジメント・コントロールシステムなどの評価である。整っていれば，VRI
で評価された多様な資源をセットとして活用できることになる。

(3)　バリュー・チェーン分析

バリュー・チェーンは，製品やサービスを顧客に提供する企業活動を調達／
開発／製造／販売／サービスといった業務に分解し，それぞれが一連の流れの
中で価値を付加・蓄積していくととらえて，この連鎖的活動によって顧客に向
けた最終的な "価値" が生み出されるとする考え方である。業種によって企業
によってバリュー・チェーンに出てくる活動内容は変わるので，連鎖的な活動
を分析することでバリュー・チェーンを明らかにする必要がある。

バリュー・チェーン分析は大きく３つのステップで行われる。第一に，主な
プロセスを特定する。この際，細かい活動まで取り上げる必要はない。まずは
自社のビジネス・プロセスを大まかにとらえることが重要である。次に価値を

図表15-3　バリュー・チェーンの基本形

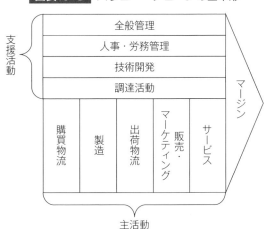

出所：M. E. ポーター［1985］，p.49。

生みだす上で重要なプロセスをさらに分解し，価値を生じる活動を見つけ出す。最後に，それぞれの強みと弱みを分析する。自社資源と競争企業を比較して，自社のバリュー・チェーンを評価する。自社の競争上のポジションを明確にするだけでなく，競争優位をもたらす活動の連鎖の発見が重要である。

　バリュー・チェーンの考え方は，自社の内部評価だけでなく，原材料企業⇒製造企業⇒流通業者⇒販売業者⇒顧客というように，企業間関係の分析にも使える。複数の会社のバリュー・チェーンの連鎖（事業連鎖）はバリュー・システムと呼ばれる。バリュー・システム内の位置によって収益性に違いが生じることも多い。バリュー・システムの評価は垂直統合の判断にも使用される。

3．複数事業の戦略分析

　PPM（Product Portfolio Management：プロダクト・ポートフォリオ・マネジメント）は多種類の製品を生産・販売したり，複数の事業を有する企業が，キャッシュフローの観点から経営資源の配分が最も効率的・効果的となる製品や事業の組み合わせ（ポートフォリオ）を決定するための経営分析・管理手法である。

(1)　PPMの考え方

　キャッシュフローとは現金の流れのことであり，PPMではキャッシュフローに影響する要因として製品ライフサイクルと戦略ポジションを重視する。

　導入期・成長期・成熟期・衰退期というライフサイクルの前半では市場成長率が相対的に高く，R&Dや販売促進に多額の投資が必要になる。市場成長率が高い場合，シェアを維持するだけでも設備増強や販路開拓に多額の投資が必要となり，一般的にキャッシュ・アウトフロー（現金の流出）が大きくなる。それに対して，ライフサイクルの後半では市場成長率が相対的に低くなり，設備増強なども必要なくなるので，一般的にキャッシュ・アウトフローは小さくなる。

　PPMでは市場成長率とキャッシュフローの相関関係と共に経験曲線効果を前提としている。経験曲線効果は製品の累積生産量が増えれば増えるほど単位

当たりコストが減少する現象である。競合企業よりも多くの製品を製造すれば
それだけ生産コストが低下し，キャッシュ・インフロー（現金の流入）が大き
くなる。そこで，PPMでは相対市場シェアで累積生産量の違いを推定し，
キャッシュ・インフローの状況を考慮する。

　相対市場シェアは自社シェア／最大競争相手のシェアで計算されるので，
トップ企業であれば自社シェア／2位企業シェア，2位以下企業であれば自社
シェア／1位企業シェアと計算される。したがって，相対市場シェアが1より
大きければ，業界のリーダーであり，大きくなればなるほど競争相手に対する
リードが大きいことを意味している。反対に1より小さい場合は，2番手以下
であって，小さいほどリーダーとの差が大きいことを意味している。

(2) PPMによる分析

　市場成長率と相対市場シェアの2次元座標上に，各事業の売上規模に対応す
る面積の円を描いたものが製品ポートフォリオ・マトリックスである。PPM
では，この2つの視点から，製品や事業ごとに収益性，成長性，キャッシュフ
ローなどを評価し，その拡大や維持，縮小，あるいは撤退という意思決定のた
めの情報を提供する。

　製品ポートフォリオ・マトリックスの4つのセルはそれぞれ，金のなる木，
花形，問題児，負け犬という名前で呼ばれる。

① 　金のなる木（Cash Cow）：売上は大きいが市場の成長率が低いので，必
　　要な投資額は大きくない。市場リーダーなのでキャッシュ・インフローは
　　大きい。投資は控えて，収益を刈り取って，余剰資金を新事業開発や見込
　　のある問題児事業に投資する。

② 　花形（Star）：高成長市場でリーダーの地位にある事業である。成長率
　　の高い市場であるので投資必要額も大きく，キャッシュ・アウトフローが
　　大きい。しかし，相対市場シェアが大きいのでキャッシュ・インフローも
　　大きい。将来の金のなる木の候補なので，相対市場シェアを維持あるいは
　　拡大する。必要であれば，金のなる木から資金を補充することも考えられ
　　る。

③ 　問題児（Problem Child）：現在の相対市場シェアは低いものの，高い市

図表15-4 製品ポートフォリオ・マトリックス

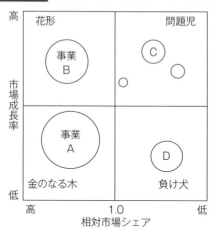

　場成長率の分野なので将来花形になる可能性がある。シェアの向上が期待
　できるなら積極的な投資を行うべきであるが，シェアが向上しないと
　キャッシュを食いつぶすことになる。選択と集中の対象となる領域である。
④　負け犬（Dog）：シェア，成長率共に低い分野である。2番手以下とい
　う市場地位なので，他の事業の余剰資金を投資する対象にはならない。
　キャッシュフローが改善できそうにないなら撤退を検討する。
　PPMでは範囲の経済やシナジー効果を考慮していないので，負け犬や問題
児であるからといって撤退という簡単な判断は間違っている。その他の要因な
ども含めた検討が必要となる。

第 IV 部

協力の仕組みを作る

第Ⅳ部をより深く学ぶための参考文献

第16章　意思決定と組織

H. A. サイモン（二村敏子／桑田耕太郎／高尾義明／西脇暢子／高柳美香訳）［2009］『新版 経営行動—経営組織における意思決定過程の研究』ダイヤモンド社

J. G. マーチ／H. A. サイモン（高橋伸夫訳）［2014］『オーガニゼーションズ（第 2 版)』ダイヤモンド社

第17章　組織の形態

J. G. マーチ／H. A. サイモン（高橋伸夫訳）［2014］『オーガニゼーションズ（第 2 版)』ダイヤモンド社

A. D. チャンドラーJr.（有賀裕子訳）［2004］『組織は戦略に従う』ダイヤモンド社

第18章　組織の学習

P. M. センゲ（枝廣淳子／小田理一郎／中小路佳代子訳）［2011］『学習する組織』英治出版

安藤史江［2019］『コア・テキスト組織学習』新世社

第19章　働く人の動機付け

G. P. レイサム（金井壽宏監訳 依田卓巳訳）［2009］『ワーク・モティベーション』NTT出版

第20章　リーダーの役割

J. P. コッター（DIAMONDハーバード・ビジネスレビュー編集部／黒田由貴子／有賀裕子訳）［2012］『リーダーシップ論（第 2 版)』ダイヤモンド社

第 **16** 章

意思決定と組織

Key Words

意思決定プロセス，合理性の限界，最適基準，満足基準，組織構造，意思決定階層，
プログラム，コンティンジェンシー理論

1. 意思決定

　企業経営においてはさまざまな意思決定が行われる。適切な意思決定は成功
の可能性を高める一方で，間違った意思決定は大きな失敗をもたらしうる。し
かし，常に適切な意思決定を行うことは難しい。ここでは，意思決定がどのよ
うな性質を持つものであるかを理解した上で，経営組織が，意思決定をより適
切に行うために作られているという側面があることを確認したい。

(1) 意思決定とは

　経営者は，企業としてどのような製品を生み出すか，そのためにいかに資金
を調達し，何にどれだけ使うか，どのような人をどれだけ雇い，いかにして組
織を編成するか，といった意思決定を行う。従業員も，例えば販売スタッフな
ら，どの商品を扱うかとか，売値をいくらにするか，といった意思決定を行っ
ている。あるいは，製造スタッフなら，どの順序で組み立てるかとか，必要な
物資をどれだけ発注するか，といった意思決定に関わるだろう。

　意思決定とは，一般に「何らかの目的を達成するためにどのような行動をと
るかを選択すること」である。われわれは，普段，あまり深く考えることなく
行動しているように思うが，行動の前には必ず意思決定が行われている。それ
は，経営組織においても同じである。意思決定プロセスを最も単純化した形に

分解すると，**図表16-1**のようになる。

図表16-1 基本的な意思決定プロセス

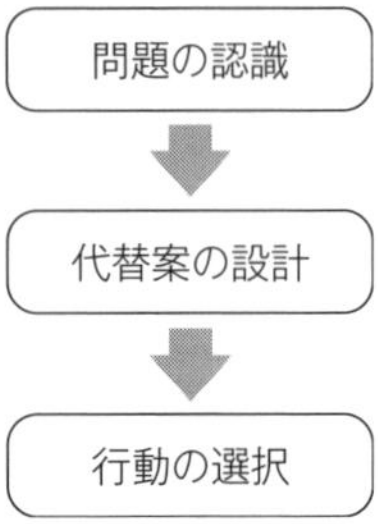

問題の認識

↓

代替案の設計

↓

行動の選択

　まず，最初に意思決定とそれに続く行動によって解決すべき問題を認識する必要がある。言い換えれば，その問題を解決することによって達成すべき目的の特定である。例えば，業績が下がった企業の経営者は，解決策を考える前に，なぜ業績が下がったのかを特定しなければならない。原材料が高騰したからかもしれないし，競合に顧客を奪われて売上が落ちたからかもしれない。

　次に，代替案の設計，つまり，問題の解決を実現しうる選択肢を探索し，それらを評価するのに必要な情報を集めることが必要である。競合に奪われた顧客を取り戻すということであれば，代替案として提供する製品の魅力を高めることや，広告宣伝に力を入れることなどが考えられる。

　さらに，行動の選択は，設計された代替案の中から，一定の基準に従って，より適切なものを選ぶことである。上記の例で言えば，必要な費用や予想される効果といった観点から，競合に対抗して広告宣伝に注力するといった決定がなされうる。

⑵　意思決定のタイプ

　意思決定は，プログラム化された意思決定と，プログラム化されていない意思決定に大別することができる。それぞれ，定型的意思決定と，非定型的意思決定と呼ばれることもある。

　われわれは日々行動する際に意思決定を行っている。しかし，いちいち問題を認識し，代替案を設計し，比較評価して意思決定しているわけではなく，ほ

とんど無意識のうちに行動を選択している。しかし、だからといって多くの行動が失敗するようなこともない。それは、日々の行動を繰り返すうちに、望ましい結果をもたらすためにはどの行動を選択すればよいかがわかっているからである。

　このように、過去にも繰り返し行われ、どのような場合にどの行動をとれば良いかがわかっており、無意識的にあるいは機械的に行動が選択できるような意思決定が、プログラム化された意思決定である。組織において利用される手順やマニュアルに沿った対応などは、まさにこれに該当する。

　多くの飲食店では、来客への対応を、さまざまな代替案を比較検討して決定することはない。通常、決められたマニュアルに従い、「何名様ですか」「お煙草は吸われますか」と尋ね、顧客の返答に応じて決められた行動選択を行う。

　他方、プログラム化されていない非定型の意思決定は、過去に経験がなく、何を目的とし、どのような代替案があり、その結果がどうなるかがわからないような状況での意思決定である。先と同様の飲食店でも、創業以来牛丼専門店として営業してきた企業が、牛丼以外のカレーやパスタなどのメニューの販売を開始するかどうかを検討する場合、それは非定型的な意思決定となる。

(3)　最適基準と満足基準

　企業経営において「最適な意思決定」はできるだろうか。ここでの「最適な」とは、「考えた中で一番良さそう」とか「できそうな範囲で最良」ということではなく、「あらゆる選択肢の中で他のどの選択肢よりも優れた結果をもたらす」ことを意味している。当然、そのような意思決定を行うことは難しく、ほぼ不可能である。

　意思決定プロセスの代替案の探索をとってみても、あらゆる代替案を洗い出すことは通常できないことがわかる。先に例示した、業績が下がった企業の経営者の解決策には、製品の数を増やすとか関連サービスを充実させるといったものがあるし、逆に製品を絞り込んでより洗練していくこともありうる。あるいは、関連事業から撤退するという案もあるかもしれない。さらに、そうした行動を複数組み合わせることも可能である。つまり、代替案は無数に存在する。

　また、代替案の中から最も優れた行動を選択することにも困難が伴う。それ

ぞれの代替案の結果はある程度は予想できたとしても，完全に言い当てることはできない。何もしなくても競合が経営に失敗し，顧客を取り戻せる可能性さえある。つまり，最適基準に基づく意思決定は，通常，われわれ人間には行うことができないのである。

　その理由は，人間の合理性に限界があるから，と説明される。人間の認知能力には限りがあるため，あらゆる代替案を把握することも，それらのすべての結果を予測することもできず，合理的に行動しようとしてもできない，ということである。

　それでは，われわれは実際どのように意思決定を行っているだろうか。われわれは普段，把握できる限りの代替案の中から最も満足のいく選択を行っているはずである。すなわち，人間の意思決定は，絶対的な最適基準ではなく，満足基準に基づいて行われる。人によって行われる以上，経営組織において行われる意思決定も同じである。新たな製品を生み出す際にも，人材を採用する際にも，行われる意思決定は満足基準に基づいている。

2．組織構造

　組織構造とは，職務をいかに分化し，それらをいかに調整して統合するかを決めたものである。組織の中で，比較的安定し継続する役割や責任，権限の分担があったり，上司や部下，協力すべき同僚が決められているような場合，そこには組織構造があるといえる。

　このような構造が作られる重要な理由の1つは，それがより優れた意思決定を可能にするからにほかならない。組織は，基本的には，人が一人ではなしえないことをなしうるようにするために形成されるが，それは意思決定においても同様である。組織には，一人の人間では行えないような，より合理的な意思決定を行うための仕組みという側面がある。

(1)　意思決定の階層

　組織構造としてまず目に付くのはその階層構造であろう。実際の階層数は組織によってさまざまだが，基本的には，トップ・マネジメントとミドル・マネ

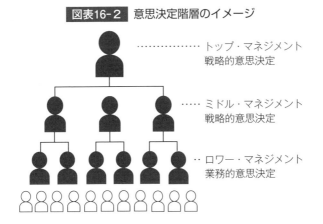

図表16-2 意思決定階層のイメージ

・・・・・・・・・・・・・・・ トップ・マネジメント
戦略的意思決定

・・・・・ ミドル・マネジメント
戦略的意思決定

・・ ロワー・マネジメント
業務的意思決定

ジメント，ロワー・マネジメントの３つの階層で捉えることができる。それぞれの階層は，異なる意思決定を担っている（**図表16-2**）。

　トップ・マネジメントは，組織全体の管理に責任を持つ経営者や経営幹部であり，経営組織全体にかかわるような戦略的意思決定を行う。例えば，多角化や拡大の戦略，財務戦略などの決定が含まれる。当然，そのような意思決定は日々繰り返されるようなものではなく，非定型の意思決定である。

　ミドル・マネジメントは，部長や課長といったいわゆる中間管理層を意味し，トップが策定した方針を実現するために，自らが所管する組織をいかに編成し，どのような資源をいかに調達し，いかなる付加価値を生み出すかといった管理的意思決定を行う。

　ロワー・マネジメントは，生産や販売の現場などで指揮をとる係長やグループ長といった人々であり，上位層から与えられた方針を実現するべく，具体的な業務上の目標や水準の設定や，その達成にかかわる業務的意思決定を担う。より上位層での意思決定に比べて，一般に，反復的なプログラム化された意思決定が中心となる。

⑵　組織構造の意義

　組織構造が設定されることで，組織は，個人が行うよりも優れた意思決定を行うことが期待される。

　先の階層化のメリットとしては意思決定の効率化と品質の維持がある。われわれの日常での意思決定と同様に，組織内における意思決定も，繰り返される反復的な意思決定がほとんどである。特に，業務的意思決定の多くは，そうしたプログラム化された定型的な意思決定が中心となる。そのような意思決定は，できる限り下位の階層に集中させて効率的に処理する。

　しかし，時には，組織全体の命運を左右するような重要な事柄であり，かつ，過去に経験がないために結果を予測することも難しい行動選択が必要になることがある。戦略的意思決定はこれに相当する。そうした意思決定は，より大きな責任と権限を持つ経験豊富な上位層の管理者が担うことになろう。

　また，組織は，職能別組織など専門別に編成されるのが普通である。販売部門や製造部門，人事部，経理課などの名称は，その組織の専門を表し，その所属メンバーには，特定の専門に関連する職務が割り当てられる。

　組織における専門化には，特定の組織メンバーに同じ意思決定を繰り返し経験させることによって，その意思決定をより適切なものにする狙いがある。あるいは，十分に満足のいく結果が得られる行動選択が明らかになれば，それをプログラム化された意思決定とすることができ，効率を高められる。製品の販売についての意思決定は，それまで人事部門にいた人よりも，販売部門で長く経験を積んだ人の方が，より速く適切に行うことが期待できる。

(3)　情報処理の仕組みとしての組織

　意思決定は情報処理活動として捉えることができる。意思決定プロセスに含まれる問題の認識，代替案の設計，行動の選択のいずれにおいても，情報の収集や整理，評価が必要となる。つまり，組織は情報処理をより適切に行うために作られていると見ることができる。

　ガルブレイス［1980］は，組織において用いられる，①ルールと手続，②階層，③目標，④調整付加資源，⑤自己完結的職務，⑥縦系列の情報処理システム，⑦横断的関係，が情報処理の仕組みとして機能することを指摘している。

　まず，ルールや手続は，あらかじめ決めておくことで，いちいち代替案を検討して意思決定する必要をなくすものであり，情報処理の負荷を減らすという側面がある。

　ルールや手続で対応できない例外が生じた場合に有効となるのが，先にも検討した階層である。例外対処の判断をより大きな権限を持つ上位の管理者に委ねることで，下位の組織メンバー間で検討する労力を削減する。

　目標も情報処理の仕組みとなる。決められたルールや手続で対処できないとしても，判断の基準となるべき目標があれば，上位の管理者に判断を委ねることなく，例外が生じたその場でその対応を判断することができる。

　また，調整付加資源とは，各種の余裕資源を意味する。例えば，在庫である。製品在庫にせよ部品在庫にせよ，それらを持たない場合には，将来の必要量の正確な予測が必要となり情報処理の負荷が高まる。在庫があれば，将来の必要量の変化に柔軟に対応できるため，詳細な将来予測は不要になる。

　自己完結的職務とは，仕事を独立性の高い単位に分割して組織メンバーに割り当てることである。個別に作業ができれば，組織メンバー同士の調整は少なくて済む。

　縦系列の情報処理システムとは，階層のより上位の管理者の情報処理能力を高める方策である。例えば，管理者の秘書などのアシスタントや，意思決定を助ける各種のコンピュータシステムがこれに相当する。

　最後に，横断的関係とは，組織内で区分された部署間の調整を，その上位の管理者に委ねるのではなく，その調整を担う連絡調整役を置いたり，横断的なタスクフォースやチームを形成することで対応することである。つまり，組織のピラミッド構造における横方向の調整能力を高めることである。

(4)　組織構造の状況適応

　これらの情報処理の仕組みは，必ずしもすべてが常に必要になるわけではない。情報処理の負荷が低いのに，わざわざコストをかけて連絡調整役を雇う必要はない。つまり，組織構造は，組織にどれだけの情報処理が求められるかによって変化することになる。

　異なる環境下では有効な組織のあり方が異なるとする組織論は，状況適応理論あるいはコンティンジェンシー理論と呼ばれる。普遍的な最良の組織があるとする古典的な組織論の考え方を否定し，組織を取り巻く環境に適合した組織が高業績をあげるという考え方である。

　それでは，どのような状況で，情報処理の負荷が高まるのか。それは，組織環境の不確実性が高い場合である。不確実性とは，必要な情報が不足している程度を意味する。組織環境の変化が激しく，将来予測がきわめて難しい状況では，当然，十分な情報を得ることは難しいため不確実性が高まる。そうした中では，情報の収集や評価に多大な労力を割く必要が生じる。

　一方，組織環境が安定している場合，情報処理の負荷は低下する。そうした環境下では，現状の把握や将来の予測は比較的容易であり，プログラム化された意思決定でかなりの部分が対応できる。結果として，情報処理に必要とされる労力も小さくなる。

　組織は，職務や権限，規則が厳格に決められ，集権的な意思決定が行われる機械的組織と，分権的な意思決定に基づき，共通の職務を組織メンバー間で調整しながら柔軟に遂行していく有機的組織に分けられるが，不確実性の低い環境では機械的組織が，不確実性の高い環境では有機的組織が有効であることがわかっている。

第 17 章

組織を形づくる

Key Words

効率性，有効性，専門化，階層，職能部門制組織，事業部制組織，マトリックス組織

1．組織の形態とは

　前章では組織構造について触れたが，本章ではその組織構造のもとになる組織形態について説明する。組織形態とは，組織における部門配列や指揮命令系統の体系であり，これらの体系を図式化したものを一般に組織図と呼ぶ。

(1)　組織の編成原理

　組織はどのようにして部門配列や指揮命令系統が決められるのであろうか。理想的な組織の形態はあるのか。結論を先取りして，この答えを言えば「ノー」である。それぞれの組織には，組織の目的や目標がある。これらに照らして合致するような成果が得られる組織の形態を選択していくこと，すなわち組織をデザイン（設計）していくことが必要である。

　それではどのようにして組織をデザインしたらよいのであろうか。組織の編成原理は2つである（岸田［2009］）。1つは，専門化である。組織にはさまざまな業務があるが，それらの業務を内容ごとに分けて，類似した知識やスキルをひとまとめにすることによって，効率性が高まる。ここでは，飲食店を例に考えてみよう。レストランや喫茶店に行くと，多くの店では，顧客の注文をとって，料理やドリンクを持ってきてくれる接客担当と，料理や飲み物を用意する厨房担当に分かれている。これは接客と調理を仕事の内容別に分けて，専

門化することで，効率を高めているのである。もしも担当を分けないとしたら，顧客から注文を聞いたスタッフがそのまま調理することになり，その調理が終わらないと，次の注文を聞きにいくことができない。また，このような方法では，同じメニューの注文がある場合にまとめて調理するということもできない。また，メニューを誰が聞いたかによって，誰が調理することになるのかが決まるとすると，調理者によって料理の味が変わってしまうということも考えられる。

　このように専門化は，仕事の分野や種類によって担当を分けること（水平的分業）で効率性を高める組織の編成原理である。

　もう1つは階層化である。階層化とは，単純化して言えば，上司と部下の関係を作り，指揮命令関係を明確にするということである。上位階層が下位階層を管理監督し，突発的なことが生じた場合に対応することで，有効性を高めることができる。ここでは組立工場のライン作業を例に考えてみよう。通常，組立作業はどの部品をどの位置にどのように組み立てるのかということは事前に決まっていて，作業者はその手順どおりに作業すればよいはずである。しかしながら，組立作業の工程が多かったり，長い期間にわたって仕事をしていると，時として例外的な事項が起こることがある。組み立てる部品を落として部品が変形してしまうとか，作業中に気分や体調が悪くなってしまうということなどである。このような場合，組立作業員同士でいちいちどのように対応したらよいのかを考えていると時間がかかる。そのため，組立作業員たちを束ねて，まとめる上役の人に，変形した部品をどのように扱うのか（直して使うのか，廃棄するのか等）や体調が悪くなった作業員の代わりを隣りの作業員が前工程や後工程まで行ってカバーするのか，他の作業員と交代するのかということを調整してもらうことで，組立作業をとめることなく，不測の事態に対応できる。

　このように階層化は，組織メンバーを上位と下位に分けることによって，環境の不確実性に対応すること（垂直的分業）で，有効性を高める組織の編成原理である。

(2)　組織の基本形態

　組織の基本形態には，「ファンクショナル組織」，「ライン組織」，「ライン・

アンド・スタッフ組織」の3つがある。

　まず，ファンクショナル組織は，組織メンバーを職能毎に専門化を行った組織である。この組織は，科学的管理法で有名なフレデリック・W・テイラー（F. W. Taylor）の職能的職長制に由来する組織である。職長が職能毎に決められているため，末端のメンバーはそれぞれの職長から命令を受けることになる。このため，命令が多元的になり，命令の内容によっては，それらが矛盾する場合があり，混乱する場合がある。

　次に，ライン組織は，階層化によって編成される組織である。この組織は，H・ファヨール（J. H. Fayol）によって提唱された組織であり，指揮命令系統が上位から下位まで一本のライン（線）で結ばれる。このような指揮命令の形を命令の一元化という。これによって，末端のメンバーが複数の上司から指揮命令を受け，それらの内容が矛盾するということはなくなる。他方で，階層が多くなると，異なる指揮命令系統に属する横のメンバーとのコミュニケーション（伝達）が難しくなるという問題が生じる。

　最後に，ライン・アンド・スタッフ組織は，ファンクショナル組織の特徴である「専門化」とライン組織の特徴である「命令の一元化」を組織形態に組み込んだ組織である。ライン・アンド・スタッフ組織は，その名が示すとおり，ライン部門とスタッフ部門によって編成される。ライン部門は，基本的にはライン組織と同一の組織編成であり，組織の中で最も基本的な業務の執行を担当する。これに対して，スタッフ部門はライン部門の仕事を専門的な観点から助言や助力を行う。ライン・アンド・スタッフ組織は，専門家が育成しにくいライン組織に専門知識を有したスタッフを配置するため，専門知識を得られるというメリットがある代わりに，通常のライン組織よりも間接費が増大するというデメリットが生じる。また，本来はライン部門とスタッフ部門が協力し合って業務を遂行することが意図されて出来た組織ではあるが，2つの異なる性質を持つ部門があることで両者の間に感情的な対立が生じることもある。

2．現代組織の形態

　前節では，組織の基本形態について説明したが，現代社会は経営学が生まれ

てきた19世紀後半から20世紀初頭に比べ，ますます複雑かつ多様化しており，組織の規模や扱う製品の数，進出している地域や国も多くなってきている。このため，組織の基本形態では対応できなくなり，さらに発展した組織形態が必要になってきた。

　本節では，ライン・アンド・スタッフ組織が発展して出てきた組織形態である職能部門制組織，事業部制組織，マトリックス組織，そして近年取り上げられるようになってきた新しい組織形態について説明する。

(1)　職能部門制組織

　職能部門制組織とは，研究開発や製造，販売など職能別に部門化した組織形態である（**図表17-1**）[1]。

　例えば，ファンクショナル組織では製造担当の長や販売の担当の長の下にはさまざまな業務を行うメンバーがいたが，職能部門制組織では末端のメンバーはどこかの部門に属することになる。このため，販売部門のメンバーは製造部門の長から命令を受けることなく，販売部門の中で業務を行うことになる。

　職能部門制組織の特徴は，①職能別にすることで，専門的な知識を持つ人材を育成でき，②部門化されることで，扱う量が増えるため，規模の経済が働き，③職能間の調整をトップが行うため，中央集権的な管理となる，ということである。この組織形態の問題点は，①専門家は育成できても，全般管理者の育成には困難があり，②職能部門に分かれるため，仕事内容の性質が大きく異なる

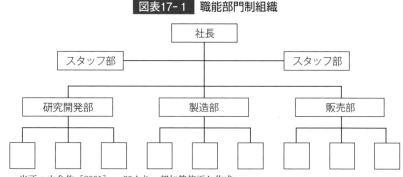

図表17-1　職能部門制組織

出所：山倉他［2001］，p.38より一部加筆修正し作成。

ことから，部門間のセクショナリズムが生じる可能性が高くなり，③部門の数が増大する等によって，部門間を調整が多く必要になると，トップに負担がかかる，ということである。

(2)　事業部制組織

　事業部制組織は，製品や地域別に事業部を作り，それぞれの事業部は包括的な意思決定権限が与えられる代わりに，まるで独立した会社のように単独で採算に責任を負う組織である（**図表17-2**）。

　例えば，わが国で最初に事業部制組織を採用したと言われているのは，パナソニック株式会社である。同社では，1933年（昭和8年）5月，①ラジオ部門，②ランプ・乾電池部門，③配線器具・合成樹脂・電熱部門の3つの事業部に分け，各事業部はそれぞれ製品の開発から生産・販売，収支に至るまで，一貫して責任をもつ独立採算制の事業体となった。これにより松下幸之助は，それぞれの事業部が自主的に責任をもって経営すること，そして経営者の育成を目指したのである[2]。

　事業部制組織の特徴は，①事業部をとりまとめる総合本社によって，企業全体の方針を決め，資源配分を行うこと，②各事業部には，購買から製造，販売に至るまで一連の職能部門があり，総合本社によって決められた方針と配分された資源に基づき，それぞれ単独で損益責任を持つ包括的な決定権限が与えら

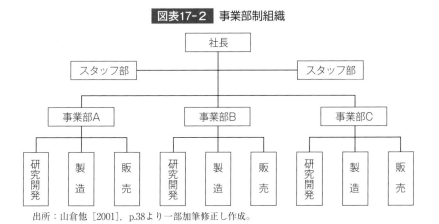

図表17-2　事業部制組織

出所：山倉他［2001］，p.38より一部加筆修正し作成。

れる。この組織形態の問題点は，①事業部毎に，一連の職能部門を擁するため，設備や人員の重複が生じる，②事業部毎に，損益計算ができるということは，業績評価がなされるため，成果を上げようと，長期志向が薄まり，短期業績志向になりやすく，③収支の面で，他の事業部との競争にさらされるため，事業部間の交流が少なくなり，④事業部間を跨るような製品の生産やプロジェクトを推進することが難しくなる。

(3)　マトリックス組織

　マトリックス組織は，多元的組織とも呼ばれる組織形態で，複数の組織形態を組み合わせることによって作られる（**図表17-3**）。例えば，製品・職能マトリックス組織であれば，職能部門制組織と製品別事業部制組織を組み合わせて作られる組織形態であり，**図表17-3**の事業A，B，Cの部分には製品毎に分けられた事業部が当てはまることになる。

　マトリックス組織は，1960年代のアメリカ航空宇宙局（NASA）のアポロ計画に参加した航空宇宙産業の企業によって初めて採用されたと言われている。この組織は，既存の職能部門制組織の上に，プロジェクトごとに置かれたマネジャーの下，チームのメンバーが職能部門を横断する形で束ねられて作られた。したがって，各チームのメンバーは自身が所属する職能部門の部門長とプロジェクトのマネジャーの２人の上司を持つことになる。

　マトリックス組織の特徴は，複数の組織の長所を生かすことで，環境の不確

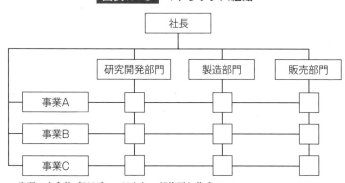

図表17-3　マトリックス組織

出所：山倉他［2001］，p.38より一部修正し作成。

実性に対して，柔軟な対応することができる，ということがある。例えば，プロジェクトごとに管理していると，あるプロジェクトで開発された技術を別のプロジェクトに転用することは容易ではないが，メンバーが研究開発部門にも属しているマトリックス組織であれば情報の共有がすぐになされ，プロジェクトを横断した技術の活用が容易となる。他方で，組織内に複数の指揮命令系統ができるため，調整するための管理コストが高くなったり，責任や権限が不明確となる等の問題点もある。

　マトリックス組織が有効なのは，外部環境の不確実性が極めて高い場合のみであることに留意する必要がある。

(4)　多様化する組織形態

　近年の組織形態に関する研究では，ここで取り上げたもの以外にもさまざまなものが現れている。

　例えば，組織を顧客ごとに対応する部門と製品ごとに対応する部門との二重の組織形態を擁する「フロント－バック組織」や複数の組織が水平的な広がりを持ちながらも緊密に連携をとる「ネットワーク組織」などが挙げられる。また今後も組織を取り巻く経営環境の変化に応じてさまざまな組織形態が出現してくるに違いない。このため，本章ですべての組織形態を網羅的に説明することはできない。

　しかしながら，ここでは次の2つのことを改めて確認しておきたい。1つは組織を編成する基本原理は変わらないということである。もう1つは，どの組織形態にも一長一短があるので，組織形態を選択する際には，組織の目的や組織が置かれている状況などを注意深く分析する必要があるということである。

●注 ────────

1　職能部門制組織の始まりとされるE. I. デュポン・ド・ヌムールでは，1903年，小規模の会社群をまとめ，①製造部門を大工場にし，②販売部門を全国展開し，③製品や工程の改善のために開発部門を作った（山倉他［2001］，p.37）。

2　http://www.panasonic.com/jp/corporate/history/chronicle/1933.html（2015年9月11日確認）

第 18 章

組織の学習

Key Words

ルーティン，シングル・ループ学習，ダブル・ループ学習，学習障害

1. 組織学習とは

　本章では，組織の学習について学ぶ。本章で理解しなければならないことは次の3つのことである。第一に，組織を取り巻く経営環境が激しく変化する場合，その環境変化に合わせて組織も変わらなければならない。その際に必要なのが，新しい知識やスキルの獲得や利用といった学習である。第二に，個人が学習することと組織が学習するということはどのような違いや区別があるのか。最後に，組織変革を円滑に行うためには，どのように組織学習を行えばよいのか，ということである。

(1) 環境変化と組織

　21世紀に入り，組織を取り巻く経営環境はますます激しく変化している。2001年に起きた9.11アメリカ同時多発テロやそれ以降のテロとの戦い，2008年9月に起こったアメリカのリーマン・ブラザーズ証券の破綻による世界的金融不況，2009年には当時，世界一の自動車メーカーであった米国GM社が破綻，2011年には3.11東日本大震災が起き，被災地だけでなく被災に遭った工場がストップしたことにより数多くの企業が影響を受けた。2020年には新型コロナウイルス感染症（COVID-19）が世界的に拡大し，世界経済に多くの影響を及ぼした。

　ここで取り上げた以外の出来事であっても，グローバル化の進展や情報技術の飛躍的な発展により，これまでよりも比較的短い期間で，国家や政府，地方自治体，企業，銀行などの金融機関，病院や診療所などの医療機関，学校をはじめとする数多くの組織に大なり小なり影響を及ぼすようになってきている。

　このように組織を取り巻く環境を捉えれば，組織は変わり続ける環境の中で活動を行っていることになる。組織が活動を行う場が変わり続けているということは，組織自体も変化して適応すること，すなわち「学習」が求められるということである。環境が変わっても，組織が新しい知識やスキルを学習しなかったとしたら，その組織は変化した環境の中で生き残っていくことは難しい。したがって，現代社会において組織が生き残るために学習することは不可欠である。

⑵　組織学習とは

　組織学習にはさまざまな定義がある（古澤［2004］）が，大雑把に言えば，組織学習とは「組織を取り巻く環境に適応するために組織の認知枠組み（フレームワーク）や行動を変革すること」である。すなわち，組織学習論では組織の認知枠組みや行動を維持したり，変化させたり，発展させることを学習と捉えるのである。

　レビットとマーチ（Levitt & March［1988］）によれば，組織学習はルーティン，歴史依存性，目標志向性の3つから説明されるという。ルーティンとは，狭義で言えば，活動の型や規則，手順，慣例，役割などであり，広義で言えば，信念の構造やパラダイム，組織文化などである。組織は，試行錯誤の結果や組織的探索によって，よい結果が得られた行為を繰り返し使用する。この繰り返される行為をまとめたものがルーティンと呼ばれる。ここで，どのようなルーティンが組織の中にあるのかということは，これまで組織がどのような試行錯誤や組織的探索を行ってきたのかということ（歴史依存性）や組織が掲げる目標（目標志向性）によって異なることになる。

　例えば，自動車業界で言えば，トヨタ自動車は1997年の初代プリウスの販売以来，ガソリンエンジンと電気モーターを組み合わせたハイブリッド・カーに強みを持っている。他方，マツダはスカイアクティブ技術を用いたクリーンな

ディーゼル・エンジンに強みを持っている。このような両社の強みの違いは，技術開発の歴史の違いを反映したものであると言えよう。

　また，組織学習が組織の学習と言われるのは，組織がルーティンを保持することによって，たとえ組織のメンバーが入れ替わったとしても，同様の行動を維持することができるためである。逆に言えば，組織の強みと思われていたものが実は組織のそのメンバー個人だけが持つ能力によって支えられていた場合には，その個人が定年等で組織を去ってしまうと強みを失ってしまうことになる。この場合には，組織が学習していたとは言えない。組織学習は組織の強みを長期的に保持するためにも必要かつ重要なことなのである。

2．組織学習のプロセス

　ここでは2つの観点から組織学習のプロセスについてみていく。1つ目の観点は，学習レベルの違いに着目したアージリスとショーン（Argyris & Schön ［1978］）の研究である。もう1つは，個人から組織へどのように学習が進展するのかを分析し，組織の学習障害について明らかにしたマーチとオルセン（March & Olsen ［1975］）の研究である。

(1)　2つの学習レベル
　アージリスとショーンによれば，組織学習には2つの学習レベルがあるとされる。それは，改善を中心とするシングル・ループ学習と組織の目標や価値観の変革を伴うダブル・ループ学習の2つである（**図表18-1**）。

図表18-1 シングル・ループ学習とダブル・ループ学習

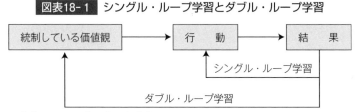

出所：Argyris ［1977］ より作成。

(i)　シングル・ループ学習

シングル・ループ学習とは，組織の目標（組織を統制する価値観）と実際の行動の結果にズレやミスがあるときに，そのズレやミスを減らして結果が改善するように組織の行動を修正することを指す。この場合，組織の既存の目標や価値観に変化はない。

例えば，製品Aの販売計画が未達の場合に，どうしたら計画どおり達成できるのかを考え，販売のやり方を工夫したりすることである。したがって，通常，組織において改善活動と呼ばれるものはシングル・ループ学習であると言ってよい。シングル・ループ学習が継続的に行われることで，組織は目標を達成できる行動を学習するのである。

(ii)　ダブル・ループ学習

これに対して，ダブル・ループ学習は，組織の行動を支える組織の目標（組織を統制する価値観）にまでさかのぼって価値観の見直しを行うことを指す。

例えば，前述した製品Aの販売計画の話であれば，販売計画が達成できないのは，もしかしたら消費者の嗜好や流行が変化してしまったためであるかもしれない。この場合，製品Aを主力に販売する従来の計画を捨て，新たに製品Bを主力にした販売計画を立案することがよいということもある。このように既存の目標や価値観を問い直し，新たな組織の目標やその目標を支える新たな価値観を作り出し，それに基づいた行動をとることによって，組織にとって望ましい成果を上げることがダブル・ループ学習である。

組織の目標や価値観を伴う変化は，組織の多くのメンバーにとって従来とは異なる行動や活動を要求することになるため抵抗に遭うことが少なくない。

(2)　学習サイクルと学習障害

アージリスとショーンの研究が，実際の結果との関係で，組織の行動の変化と目標や価値観の変化によって学習レベルの違いを指摘したのに対して，マーチとオルセンは，組織学習における個人と組織の相互作用を明らかにした学習サイクルを提示した（**図表18-2**）。

彼らの研究によれば，まず組織のメンバーである個人が組織を取り巻く環境

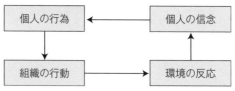

図表18-2 組織の学習サイクル

出所：March & Olsen［1975］より作成。

の変化に気づき，新たな信念を持つことから学習サイクルは始まる。組織のメンバーは，この新しい信念に基づいて，新しい行為を試すことになる。新たな信念に基づく行為が正しければ，次にそれを組織全体へと広げる。組織全体へと広がった行為は，組織の行動と呼ばれることになる。このようなプロセスを通じて新たな組織の行動は採用されるのである。採用された組織の行動は，基本的には繰り返し利用され，維持されることになる。そして，再び組織を取り巻く環境，すなわち顧客の嗜好や流行などが変化すると，たとえ同じ組織の行動をしたとしても，従来とは異なる反応が返ってくることになる。そのような場合，最初に戻って，組織のメンバーが新しい信念を築くことになるのである。

　このように，「個人の信念」→「個人の行為」→「組織の行動」→「環境の反応」そして「個人の信念」の繰り返しが，マーチとオルセンの組織の学習サイクルである。

(i) 役割制約的学習

　マーチとオルセンによれば，この学習サイクルは順調に回るというよりも断絶することの方がしばしばであるという。例えば，「個人の信念」から「個人の行為」に至るプロセスの断絶である。このタイプの不完全な学習は「役割制約的学習」と呼ばれる。

　組織のメンバーは，通常，それぞれが所属する部署や立場などに応じて，どのような行為をしなければならないのかということがルーティンによって決められている。したがって，組織のメンバーが新しいアイデアを思いついたとしても自由に何でもできるわけではない。役割として決められたこと以外を行うことが許されていないことの方が少なくない。このため，たとえ組織にとって

良い発案であったとしてもそれを採用したり試したりすることが制約される。

　この役割制約的学習を乗り越えるためには，自由な考えや発想で活動を行うことを認める機会や期間，場を設けることが大切である。

(ii)　傍観者的学習

　次に「個人の行為」から「組織の行動」に至るプロセスの断絶である。このタイプの不完全な学習は「傍観者的学習」と呼ばれる。

　組織のメンバーのうち誰かが新しい試みをしようと努力している場合，その試みに賛同して一緒になって協力することができるであろうか。長年にわたって積み重ねられた強い文化を持つ組織では，比較的多くの人たちが新しい試みに対して不快に感じたり，見て見ぬふりをしたりして，関わろうとしない。すなわち，傍観者となってしまうのである。なぜ傍観者になってしまうのかといえば，新しい試みは組織の伝統や慣習，文化と相容れないことが少なくないからである。

　この傍観者的学習を乗り越えるためには，セクショナリズムをやめて，部門横断的に知識やスキル，ルーティンを伝達し，活用できる仕組みを整えることが大切である。

(iii)　迷信的学習

　また，「組織の行動」から「環境の反応」に至るプロセスの断絶は，「迷信的学習」と呼ばれる不完全な学習のタイプである。

　組織の行動として活用されている行動の束は通常ルーティンと呼ばれるものである。このルーティンというのは前述したように過去に成功した行為を繰り返し採用することによって確立したものである。たとえ有用であるとして確立したルーティンであっても，時代の変化によって通用しなくなったり妥当性を欠いたりすることがある。しかしながら，組織の成功に非常に貢献したルーティンは妥当性を欠くことになった後も，組織のメンバーやトップ・マネジメントはそのことに気づかなかったり，妥当性がなくなったことを認めようとしない場合が少なくない。これを有能さのワナという（Levitt & March［1988］）。

　この「迷信的学習」を乗り越えるためには，たとえ過去に有用な成果を上げ

たルーティンであったとしても，常にその効果について検証したり，より効果が高い方法を探し続けることが大切である。

⑷　あいまいさの下での学習

　最後の不完全な学習のタイプは，「環境の反応」から「個人の信念」に至るプロセスの断絶である。これは「あいまいさの下での学習」と呼ばれている。

　このタイプが不完全な学習が生じるのは，環境で生じている事象が漠然としか捉えられず，事象間の結びつきを憶測に頼って解釈しなければならない状況である。このような状況において，組織のメンバーが行う環境についての解釈は，必然的に正確性を欠くものになる。

　この「あいまいさの下での学習」を乗り越えるためには，環境をより正確に理解するために情報収集能力を高めたり，不確実性の高い環境に影響を受けないように組織の自律性を高めることが有効である。

3．学習障害の超克

　組織学習が重要なのは，⑴個人だけで知識やノウハウを持つのではなく，組織として知識やノウハウを保持し，長期的に維持し，効率よく仕事をするため，⑵組織が環境の変化に適応するのに，新しい知識やノウハウを組織に取り入れ，組織を変革するためである。しかしながら，前述したように，組織学習のプロセスは断絶が生じやすく，変化に対する抵抗があり，容易に進まない場合の方が多い。

　ここでは組織が学習するのを妨げる障害をいかに乗り越えて克服していけばよいのかについて「小さな成功（small wins）」（Weick & Westley［1996］）を取り上げて説明する。

　通常，安定した組織は，一定のルールや規則，組織の文化を持っており，新しいことをすることに対して抵抗を示すものである。なぜなら新しいことを取り入れることに不安を感じたり，既得権益がある人びとにとってはその利益を享受できなくなる可能性があるためである。しかしながら，他方で結果の予想が容易でコントロール可能なものを安定した組織に取り入れることは比較的寛

容であると，ワイクとウェストレイは主張する。そこで，彼らは①適当な大きさの変化で，②管理，コントロール可能なもの，③予測や予想ができる，というものを「小さな成功」と呼び，それらを組織に導入することの重要性を指摘した。

　彼らによれば，このような「小さな成功」は次の3つの点で，組織に大きな変化，すなわち組織に変革をもたらすという。第一に「小さな成功」は連続的・同時的に起こすことができるため，これらの総計は劇的な変化に相当することになる。第二に，一連の「小さな成功」は大きな変革に先立ち，変革への道を拓くことができる。変革を可能にするような推進力と基礎的な学習を提供する。第三に，多くの変革と呼ばれているものは，一連の事前の「小さな成功」を回顧的にひとまとめにしたものであり，そのすべては同じように新しい方向へと動いているとして解釈されたものである（Weick & Westley [1996]）。

　このように組織における変化への抵抗を減らしつつ，小さな変化を積み重ねることによって，結果として大きな変化や変革に結実させることができるのである。したがって普段から改善や学習を継続することが組織学習を成功させるために重要であるということができる。

第 **19** 章

働く人の動機付け

● ●

Key Words

欲求階層説，二要因理論，内発的動機付け，期待理論，目標設定理論

1．動機付けとは

　組織の成果にとって大切なことの1つにメンバーのやる気がある。同じ組織であっても，メンバーがやる気になって行動している時と，やる気がない時では，その成果は全く異なったものになる。この意味で，組織の管理者はどうしたら組織メンバーのやる気を引き出すことができるのかを理解することは重要である。本章では，このやる気についての経営理論について説明する。

　私たちが何かを行う場合，そこにはその行動を引き起こした原因があるはずである。この行動を引き起こす原因を「動機」と呼び，その原因の提示や認知により行動を喚起させることを「動機付け」と言う。

　例えば，カフェでのアルバイトを例に考えてみよう。ある人は，アルバイト代を稼いで自分の欲しいものを購入したいから働いているかもしれない。別の人は，コーヒー好きでコーヒーの種類や淹れ方を学びたいと思って働いているかもしれない。カフェで働く動機は，アルバイト代（およびそれによって購入できるもの）やコーヒーに関する知識（コーヒーの種類や淹れ方）を得られるからということになる。また，逆に言えば，アルバイト代やコーヒーに関する知識が得られるという認知によって，人は働こうと動機付けられるのである。

　この動機付けに関する研究には，大きく分けて2つある。1つは，内容理論と呼ばれるもので，人は何によって動機付けられるのかというものである。こ

こでは，欲求階層説，二要因理論，内発的動機付け理論を取り上げる。もう1つは，過程理論と呼ばれるもので，人はどのように動機付けられるのかというもので，ここでは期待理論および目標設定理論について取り上げる。

２．動機付けの内容理論

　まず，人は何によって動機付けられるのかという内容理論（コンテンツ・セオリー：content theory）について説明する。

(1)　欲求階層説

　動機付けの内容理論の代表的なものに，マズロー（Maslow, A. H.）の欲求階層説がある。マズローは，1908年ニューヨーク・ブルックリン生まれで，1967年から1968年までの間，アメリカ心理学会の会長を務めたことがあり，彼の研究アプローチは人間主義的として知られている。

　マズローは人のさまざまな欲求を次のような5つの段階に整理した（**図表19-1**）。まず①生理的欲求（Physiological needs）である。これは，休息や睡眠，食欲など人間の基本的な欲求を指す。私たちが生きていくために最低限必要な欲求，それが生理的欲求なのである。次に，②安全欲求（Safety needs; Safety and Security）である。安全欲求とは，身体的安全や精神的安定のことを指す。

図表19-1 マズローの欲求階層説

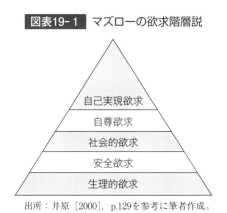

出所：井原［2000］，p.129を参考に筆者作成。

例えば，極度の空腹や睡眠不足の場合は何でもよいから食べたいとか，どこでもよいから寝たいと思う。しかしながら，お腹が満たされたり，睡眠もある程度とれている場合は，安全な食べ物を口にしたいと思うし，人から邪魔されないところで寝たいとも思う。

その次が，③社会的欲求（Social needs; Love and Belongingness）である。社会的欲求は愛と所属の欲求と呼ばれることもある。この欲求は，他者から愛されたいと感じたり，学校や会社，社会のどこかに所属しているという仲間意識を得たいと思うことなどが当てはまる。4つ目の欲求は，④自尊欲求（Self Esteems, Esteems by Others）である。自分が自分のことを認めたいと思ったり，他者から承認を得たいと思ったりする欲求のことである。そして最後は，⑤自己実現欲求（Self-Actualization）である。自己実現欲求とは，自分自身の本当にやりたい関心や夢に向かって行動を起こしたいという欲求である。

この欲求階層説の中の①生理的欲求から④自尊欲求までは欠乏動機といい，欠乏していると，それを充足したいと動機付けられる。しかし逆に，満たされてしまえば，その欲求はもはや動機付けとしては機能しなくなる。例えば，食事を終えたばかりの満腹の人に食べ物で行動を喚起しようとしてもあまり関心を示されないということである。これらの欠乏動機とは異なり，⑤自己実現欲求は満たされることがない。自身の関心や夢を実現するため行動することによって，自身の関心や夢がより強化され，ますます行動が喚起される。例えば，高校球児が甲子園に出場したいと練習に励み，甲子園に出場すると，次は甲子園で活躍したいと思い，さらに練習に励み，甲子園で活躍するとプロ野球で活躍したいと思って，ますます練習に励むというような具合である。

(2)　二要因理論

次に，ハーズバーグ（Herzberg, F.）の二要因理論を紹介する。二要因理論は，1950年代後半，アメリカのペンシルベニア州ピッツバーグ市内の技師（エンジニア）と会計士203名を対象に行った面接調査から生まれたものである。

ハーズバーグは，面接調査において，被験者に職務経験の中で「例外的に良かったと感じたこと」と「例外的に悪く感じたこと」について質問した。その結果，職務満足に関連する要因（動機付け要因）と職務不満足に関連する要因

（衛生要因）は異なることを発見した。例えば，会社の方針と管理，監督，仕事上の対人関係，作業条件，給与といった要因は，職務不満足と関連する。他方で，達成感，承認，仕事そのもの，昇進，責任といった要因は，職務満足と関連する。

　要約するに，この二要因理論（「動機付け─衛生理論」とも呼ばれる）は，次のようにまとめることができる。衛生要因である作業条件や給与を改善しても従業員の不満解消になるかもしれないが，職務満足にはならない。従業員の職務満足を高めるためには，動機付け要因である達成感や承認，昇進を従業員に与えることが必要である。

(3)　内発的動機付け

　一般に，仕事でやる気を高めるためには，高い給与やボーナスなどを支給することで実現できるように思われるが，これとは逆に，デシ（Deci E. L.）は金銭的報酬による悪影響を示し，内発的動機付けの重要性を説いた。

　彼の実験は次のとおりである。24名の大学生を被験者とし，実験群（12名）と統制群（12名）に分けた。被験者は，アメリカのパーカー・ブラザーズ社によって製造されたソマ（Soma）と呼ばれるパズルを解く。このパズルはそれ自体が面白いものであった。実験は3日間行われ，各日ともに4つのパズルを解くのだが，2つのパズルを解いたところで8分間の休憩がある。被験者には，「数分間実験準備のため部屋の外に出るが，その間は何をしていてもよい」と伝えられる。実験では，この8分間の間に，どのくらい被験者がパズルを解いたかを測定した。また，2日目のみ実験群の被験者に，13分以内に解けばパズル1つ当たり1ドルの報酬を与えるということが伝えられた。すなわち，1日目と3日目の実験群および統制群，2日目の統制群には報酬は与えられない。

　この実験結果は，**図表19-2**のとおりである。統制群の被験者は1日目と3日目を比べると自由時間にパズルを解く時間が増えている（平均27.9秒の増加）のに対し，実験群では2日目に増えた（平均65.7秒の増加）ものの3日目は逆に大きく減少（平均115.4秒の減少）し，1日目を下回る結果となった。

　統制群ではパズルを解くこと自体の面白さが徐々に増し，最終日には3日間のうちで最も長い時間を自由時間にパズルを解くことに費やしていた。しかし，

図表19-2 自由時間の8分間にパズルを解いていた時間の平均

グループ	1日目（T1）	2日目（T2）	3日目（T3）	T3－T1
実験者（E）（n=12）	248.2	313.9	198.5	－49.7
統制群（C）（n=12）	213.9	205.7	241.8	27.9
E（T3－T1）－C（T3－T1）				－77.6秒 * （標準誤差=58.5）

*p<.10

出所：Deci［1971］p.109。

2日目に金銭的報酬を提示された実験群の被験者たちは，3日目の実験で金銭的報酬が示されなかったことで，自由時間にパズルを解く時間は激減した。この実験は，本来，パズルを解くこと自体の面白さ（これを「内発的動機付け」と呼ぶ）によって行動が喚起されるようなものであっても，金銭的報酬が示されることで，目的が行動自体から金銭に変わってしまうことを示している。換言すれば，内発的動機付けによって行動が喚起されている場合，一時的な金銭的報酬の提示は，その後の行動喚起を妨げる可能性があるということである。

3．動機付けの過程理論

次に，人はどのように動機付けられるのかという過程理論（プロセス・セオリー：process theory）として，期待理論および目標設定理論について説明する。

(1) ヴルームの期待理論

カナダ出身で，アメリカのイェール大学教授のヴルーム（Vroom V. H.）は，1964年に『仕事とモチベーション』を出版し，その中で，動機付けの期待理論を提示した。ヴルームによれば，ある行動に対する動機付けは，その行動によってもたらされる結果の期待（Expectancy：主観的確率）と，その結果が持つ誘意性（Valence：価値や魅力）の積の和によって決まるという。

ある行動に対する動機付け ＝ Σ（結果$_i$の期待 × 結果$_i$の誘意性）

ここでは，野球が得意な高校生を例に考えてみよう。まず，ある高校生が同

級生の友達から一緒に甲子園を目指して野球の練習をしようと誘われ，一緒に甲子園を目指して練習を頑張るかどうかを決めなければならないとする。甲子園を目指して練習に頑張ることで，さまざまな結果が生じる。頑張って練習することで，本当に甲子園に出場できるかもしれないし，うまく行けば甲子園で活躍することによってプロ野球の選手になれるかもしれない。また，甲子園には行けなくても，一緒に練習した仲間との強力な絆を作れるかもしれない。もちろん，行動の結果は良いことばかりとは限らない。野球の練習中に怪我をしたり，仲間と練習方法をめぐって対立することもあるかもしれない。

　このように起こり得るさまざまな結果のそれぞれについて，その結果が生じる確率（期待）と，その結果が自身にとって価値や魅力があるのか（誘意性）を掛け合わせたものを，合計することによって，その行動をどれだけ強く遂行するのかが決まる。すなわち，動機付けの強さが決まるのである。

(2)　目標設定理論

　ここでは目標設定理論について説明する。目標設定理論は，カナダのトロント大学教授のレイサム（Latham G. P.）達によって提唱された理論で，「具体的で困難な目標」がある場合の方が，目標がない場合やベストを尽くせというような曖昧な目標の場合に比べて，高業績が得られるというものである。

　レイサム達がアメリカのパルプ材協会の要請により行った実証研究について見ていこう。同協会では，木材の伐採職人の欠勤と怠惰に頭を悩ませていた。そこで，レイサム達は，実験でどのような条件が伐採職人の生産性と出勤率を高めるのかを確かめた。

　まず，人数と生産性が同程度の伐採班をそろえ，伐採する場所の地形や機械化の水準も同じ班を選んだ。どの班にも現場に監督者をつけた。その上で，これらの伐採班を無作為に2つのチームに分けた。一方のチームには，伐採すべき材木の本数について「具体的で困難な目標」を与え，もう一方のチームには，「ベストを尽くして」できるだけたくさん伐採するように指示した。

　どちらのチームにも，報酬は出来高給で支払われた。換言すれば，目標設定という条件のチームも，「ベストを尽くせ」という条件のチームも，たくさん木を切ればそれだけ多くの収入があるという状態にして実験を開始した。

　実験の結果は，「目標設定条件」の方が，生産性も出勤率も，「ベストを尽く
せ」という条件のチームを有意に上回った。この結果から，具体的で困難な目
標があると，目標がない場合や「ベストを尽くせ」という抽象的な目標の場合
より，高業績が得られることが明らかにされた。

　なぜ具体的で困難な目標が高業績につながるのかと言えば，具体的で困難な
目標はその達成に向けて関心と行動を方向づけ（選択），活力をかき立て（努
力），努力する時間を引き延ばし（持続），適切な戦略を立てるよう個人を動機
づけする（認知）ことに効果があるからである。

　このレイサム達の目標設定理論は数多くの実証研究が行われ，支持される結
果が得られている。また，この理論を用いて生産性を向上させた企業も数多く
存在する。では，目標設定理論がいつでも有効なのかと言えばそうではない。
組織メンバーのスキルが未成熟な場合には，高い目標を与えても過度のプレッ
シャーを感じるだけで成果にはつながらず，逆にベストを尽くせというような
指示の方が高い成果を得られることがわかっている。

4．動機付けと経営管理

　現代社会には，企業や中央官庁，地方自治体，病院，学校などさまざまな形
態の組織が存在し，このような組織が集まって社会が形成されている。この意
味で，組織の存在は欠かすことができないものであると言っても良い。

　また現代社会においては，急速な技術進展やグローバル化によって組織を取
り巻く経営環境は時々刻々と変化している。したがって，組織をいかに上手に
動かしていくのかということは組織のマネジメントを担う経営管理者にとって
は大変重要なテーマである。特に，組織を変革したり発展させるためには，組
織メンバーが意欲的に活動しなければならない。

　この意味で，動機付けに関する経営理論は，経営者や管理者にとっては，経
営管理において組織メンバーの意欲を高める上で非常に重要な位置づけにある
と言っても過言ではない。他方で，組織メンバーの側に立って考えると，自分
たちの動機を経営者や管理者が操作することについて，それを善しとするのか
という道徳的な問題が残されていることに留意する必要がある。

第 **20** 章

リーダーの役割

Key Words

リーダーシップ，PM理論，業績の達成，集団の維持，変革型リーダーシップ

1．リーダーとリーダーシップ

　本章では組織におけるリーダーの役割について学習する。リーダーやリーダーシップの研究を調べると，とても古くから数多くの研究がなされてきたことがわかる。これはわれわれにとってリーダーが憧れの対象であり，またリーダーになるためにはどうしたらよいのかという関心が多くの人たちにあることを示しているのではないだろうか。

　ここではまずリーダーシップの基本から確認していこう。

(1)　リーダーとリーダーシップは違う

　われわれがリーダーシップを理解する際，最も忘れてはいけない大切ことはリーダーとリーダーシップは違うということである。どういうことであるかと言えば，例えば，企業の社長や組合の長について考えてみよう。社長や組合長というのは，組織のトップの立場なので，その組織を率いていくリーダーであると言える。しかしながら，リーダーであればリーダーシップがあるのかと言えばそうではない。

　総務省統計局の資料データ（日本の統計　2020）によれば，現在，日本には380万社以上の企業がある。これに基づけば，380万人以上の社長がいることになるが，企業を成長に導くべくリーダーシップを発揮している社長（リーダー）

図表20-1 リーダーとリーダーシップ

		リーダーシップ あり	リーダーシップ なし
リーダー	である	**理想的なリーダー** リーダーでリーダーシップもある理想的なリーダー	**情けないリーダー** リーダーだがリーダーシップを発揮することができない
リーダー	ではない	**影のリーダー** リーダーではない者がリーダーシップを発揮する悪い例	**フォロワー** フォロワーとしての役割をしっかり果たす必要がある

もいれば，毎年倒産する企業があることを考慮に入れれば，そうでないリーダーもいることは容易に察しがつくであろう。このようにリーダーであっても必ずしもリーダーシップを持つとは限らないのである（**図表20-1**）。

(2) リーダーシップとは何か

リーダーは組織のトップやまとめ役としての立場ということであるが，リーダーシップとは何か。何があれば，また，どのようなことができれば，リーダーシップがある，と言えるのであろうか。

実は，この答えは簡単ではない。「リーダーシップとは何か」ということについてリーダーシップ研究の中で広く受け入れられている決定的な答えはまだ見つかっていないのである。とは言え，このことはリーダーシップが存在しないということを意味しているのではない。歴史を振り返れば，リーダーシップを大いに発揮し，活躍した組織のリーダーを数多く見つけることができる。例えば，戦国時代に活躍した織田信長や豊臣秀吉，徳川家康を考えてみれば，明らかであろう。彼らは三者ともリーダーシップを発揮していた。他方で，その発揮したリーダーシップが同じであったかと言えば，共通点もなくはないかもしれないが，異なっていたに違いない。このように考えれば，さまざまなリーダーシップが存在することが理解できる。

そこで本章では，リーダーシップとは何かを学習するために，リーダーシップ研究の歴史を振り返りながら，どのような研究がなされてきたのかを確認し

ていくことにしたい。

2．リーダーシップ研究の歴史

　リーダーシップ研究を歴史的に振り返ると，大きく3つに分けることができる。それは(1)リーダーシップの特性論，(2)リーダーシップの行動論，(3)リーダーシップの状況論，の3つである。

(1)　特性論
　初期の研究は，リーダーの資質や特性について明らかにしたものである。この研究によれば，リーダーシップは生まれながらに持っている素質であり，後天的に身に付けられる素養とは異なる，と主張される。
　例えば，16世紀にフィレンツェ共和国で外交官だったニッコロ・マキアヴェッリが著した『君主論』ではリーダーシップに必要な君主の気質についての考察がなされており，君主の気質として，倹約さや無政府状態になるよりは安定的な統治のための残酷さなどを説いている。
　また，19世紀イギリスの歴史家トーマス・カーライルは著書『英雄崇拝論』の中で，詩聖のシェイクスピアやダンテ，預言者マホメット，宗教改革者のマルティン・ルターやジョン・ノックス，皇帝ナポレオンなどを取り上げ，彼らのような英雄によって世界の歴史が作られるとした。
　ハーバード大学名誉教授のクリス・アージリス（Argyris C.）は著書『組織とパーソナリティー』の中で，成功したリーダーの特質で特に重要なものとして，指導性や多様性の探求，寛容，問題解決力，責任感などを取り上げている。
　このようにリーダーシップの特性論は古くから多くの人々の高い関心を集めたテーマであった。現在でも優れたリーダーの資質や特性について論じられることもある。しかしながら，同じ人物であっても大成功を収めた後に，失敗し失脚するというような場合もある。このような場合をこのリーダーシップの特性論では説明することができないという限界がある。

(2)　行動論

　リーダーシップは，リーダーの個人的資質によってもたらされるのではなく，リーダーがとる行動のスタイルによるものという考え方がリーダーシップ行動論である。この考え方によれば，リーダーの行動の違いによってリーダーシップの有効性が左右されるとされ，リーダーシップの特性論とは異なり，リーダーシップの能力を養うことができる。

　この行動論は次のような2つの側面から捉えられることが多い。第一に，組織の目標達成に関するものと，第二に組織のメンバーの人間関係づくりに関するものである（**図表20-2**を参照）。

図表20-2　リーダーシップの行動論

研究者/研究グループ	目標達成	人間関係
オハイオ州立大学の研究	構造づくり	配慮
ミシガン大学の研究	生産	従業員
ブレーク=ムートン	業績への関心	人間への関心
三隅二不二	目標達成	集団維持

　ここでは，**図表20-2**の中から三隅二不二が提唱した目標達成と集団維持のPM理論を詳しく説明しよう。PM理論のPMとは，目標設定や行動計画などを立案し，集団での目標達成する能力（パフォーマンス，Performance）の頭文字のPと，組織のメンバー間の人間関係をより良くして保持する能力（メンテナンス，Maintenance）の頭文字のMをとったものである。三隅によれば，組織が機能するために，目標達成のためにしっかりとした目標設定や行動計画を立案するP機能と，組織のメンバーがバラバラにならないように人間関係を円滑にするM機能の両方を行うことがリーダーに求められるという。

　このようにPM理論では，リーダーシップ行動をPとMの2つに分けて捉えるのであるが，これら2つの能力の大小によって，リーダーシップのスタイルをPM型，Pm型，pM型，pm型の4つに分類している（**図表20-3**）。

図表20-3 三隅二不二のPM理論

出所：三隅［1978］より作成。

（i）　**PM型リーダーシップ**

　このPM型のリーダーシップ行動は，目標に合わせて的確な指示やアドバイスをするだけでなく，フォロワーである組織のメンバーへの配慮や思いやりも適切にするというものである。高い目標を掲げれば，どこかで無理をしたり，努力をする場面が必要になるが，そのような時に，組織のメンバーとの関係やつながりが良好であれば信頼が生まれ，互いに励まし合ったり，助け合ったりすることができる。このためPM型は理想的なリーダーシップ行動であるということができる。

（ii）　**Pm型リーダーシップ**

　このPm型のリーダーシップ行動は，組織のメンバーに対して目標に向けた指示や命令はよくするため，短期的には業績が向上する。しかしながら，組織のメンバー間のつながりへの配慮を欠くため，一旦メンバーとの関係がよくなくなると，それを修復することが難しくなり，組織内での協力や助け合いがなされなくなる。このため，長期的に高い業績結果を残すことは難しい。

（iii）　**pM型リーダーシップ**

　このpM型のリーダーシップ行動は，組織の目標達成よりも組織のメンバー間の人間関係やつながりをより大切にする。したがって，組織メンバーに目標達成を促すような行動はどうしても後回しになってしまう。結果として，短期的な業績結果を見るとあまり良くないことが知られている。しかしながら，組

織メンバーとの関係が良好に維持されるようになれば，自然に組織の運営も良好に行われるようになる。このため，長期的な観点から見れば，良い業績結果を期待することもできる。

(ⅳ)　pm型リーダーシップ

このpm型のリーダーシップ行動は，目標達成も人間関係づくりも，どちらとも十分に行わない。そのため，組織の目標を達成することもできなければ，組織のメンバーとの関係も良くない。その結果として，業績はあまり良くない。

したがって，PM理論によれば，理想的なリーダーシップというのは，PM型のような組織の目標達成に対して適切な指示やアドバイスができ，組織のメンバーとの人間関係を維持できるような行動であるということができる。

(3)　状況論

リーダーシップ行動の分析によって理想的なリーダーシップ行動を追求していたリーダーシップ論は，その後，状況に注目するようになっていった。すなわち，有効なリーダーシップ行動は，リーダーが置かれている状況に応じて変わるという主張である。これをリーダーシップの状況論と呼ぶ。

(ⅰ)　リーダーシップのコンティンジェンシー理論

例えば，フィードラー（Fiedler, F. E.）は，リーダーシップの有効性は「リーダーシップ行動」と「状況の好意性」(situational favorableness) の2つの要因が関係しているとした。

フィードラーのリーダーシップ行動は，人間関係志向の「高LPC (Least Preferred Coworker) 型リーダー」と，業績志向の「低LPC型リーダー」に分類される。状況の好意性は，①リーダーとメンバーの関係 (leader-member relations)，②課業構造 (task structure)，③地位の力 (position power) の3つが関係するとされる。

このフィードラーの理論によれば，状況の好意性が高い場合，低LCP型リーダーが高い業績をもたらすとされる。また，状況の好意性が低い場合も，低

LCP型リーダーが高い業績をもたらすとされる。ただし，状況の好意性が中程度の場合には，高LCP型リーダーが高い業績をもたらすと言う。

　要するに，リーダーにとって状況が良い場合もしくは悪い場合には業績志向でメンバーを指揮命令することによって高い業績がもたらされ，逆に，状況が良くも悪くもない場合にはメンバーとの関係を重視することで高い業績がもたらされる，ということになる。

(ii)　状況的リーダーシップ理論（Situational Leadership Theory）

　ハーシー（Hersey P.）とブランチャード（Blanchard K. H.）は，メンバーの目標，意欲，経験，自信によって決まる成熟度という状況に応じて，適切なリーダーシップが異なる，という状況的リーダーシップ理論を提示した。

　「指示型リーダーシップ」は，目標達成志向型のリーダーシップ行動で，メンバーの成熟度が最も低い場合に有効である。「説得型リーダーシップ」は，目標達成志向をやや抑え，人間関係志向を重視したリーダーシップ行動で，メンバーの成熟度が少し高くなってきた場合に有効である。「参加型リーダーシップ」は目標達成志向をさらに減らし，メンバーの自主性に任せ，人間関係志向も徐々にやや抑えたリーダーシップ行動で，メンバーの成熟度がさらに高まった場合に有効である。最後の「委任型リーダーシップ」は目標達成志向を最小限にし，人間関係志向も抑え，メンバーの自律性を尊重するリーダーシップ行動で，メンバーの成熟度が最も高くなった場合に有効である。

　要するに，このハーシー＝ブランチャードの状況的リーダーシップ理論によれば，有効性のあるリーダーシップを行うためには，メンバーの成熟度が高まるにつれて，目標達成志向は高から低へ，人間関係志向は低から高，そしてまた低へ，リーダーシップ行動を変えていく必要があることを示している。

3．変革型リーダーシップ

　上述したリーダーシップ研究の議論は，リーダーがフォロワーである組織のメンバーに働きかけを行い，組織の目標を実現させるということに主眼があった。しかしながら，今日のような企業を取り巻く経営環境の移り変わりが激し

い時代には，既存の組織目標を達成させればよいということには必ずしもならない。経営環境の変化によって，もはや通用しなくなった過去の組織目標や仕組みを捨てて，組織自体を改革するような大胆な行動が求められる。このような場合に有効とされるのが，「変革型リーダーシップ」である。

ハーバード大学名誉教授のコッター（Kotter J. P.）によれば，組織変革は次のような8つの段階を経て実現されるという。

その8つとは，①緊急性の認識を築く，②強い推進チームを形成する，③ビジョンを創る，④そのビジョンの伝達，⑤そのビジョンを実現するために他者に権限委譲する，⑥短期的な成果のための計画作りと実行，⑦改善の定着とさらなる変化を作り出す，⑧新しいアプローチの制度化，である。

このように変革型リーダーシップの場合，リーダーとフォロワーの間での相互交換的なやりとりにとどまるのではなく，リーダーとフォロワーが協力し合って組織全体に変化をもたらし，新しい組織実践を定着させることが必要になってくるのである。

第V部

中小企業の経営

第Ⅴ部をより深く学ぶための参考文献

第21章　大企業と中小企業
　　植田浩史他［2014］『中小企業・ベンチャー企業論［新版］』有斐閣
　　後藤康雄［2014］『中小企業のマクロ・パフォーマンス』日本経済新聞出版社

第22章　中小企業のマネジメント
　　小川英次［2009］『現代経営論—中小企業経営の視点を探る—』中央経済社
　　後藤俊夫［2012］『ファミリービジネス—知られざる実力と可能性—』白桃書房

第23章　起業のマネジメント
　　植田浩史／桑原武志／本田哲夫／義永忠一／関智宏／田中幹大／林幸治
　　　［2014］『中小企業・ベンチャー企業論（新版）』有斐閣
　　大城章顕［2020］『起業の法務マネジメント』日本実業出版社

第24章　ベンチャービジネス
　　井上達彦［2019］『ゼロからつくるビジネスモデル』東洋経済新報社
　　W．チャン・キム／レネ・モボルニュ（入山章栄監訳／有賀裕子訳）［2015］
　　　『新版　ブルー・オーシャン戦略』ダイヤモンド社

第 **21** 章

大企業と中小企業

Key Words

企業規模，大企業・中小企業，小規模企業，多様性，量的定義・質的定義，
中小企業基本法，中小企業経営学

1．中小企業ってどんな企業なんだろうか

　ここまでのところでは，企業を全体としてとらえ，中身を特に区別をすることなく，その経営について学んできたことと思う。しかし，企業は単純に一括りで考えられるものではなく，実際に大手自動車メーカーとか中小商店というような言い方を聞いたことがある人も多いことだろう。そこで本章は，大企業と中小企業について，特に後者に焦点を合わせて述べていきたい。

(1) 大企業と中小企業の分化

　大企業と中小企業は相対的に位置づけられる概念である。大企業がなければ中小企業という見方をすることはないし，その逆もまた同じである。

　そもそも企業の「規模」という考え方は，経済発展の初期段階には存在しない。なぜならすべての企業が小規模であり，それが普通であったからである。

　ところが経済が発展を遂げるに従って，企業活動の規模も大きくなっていき，そうした企業がそれまでの企業とは異なる存在として認識をされるようになった。そこに，企業のいわば原初的な形である中小企業と，その成長した姿である大企業とが分化し，それらが1つの経済のなかに併存する状況が生まれたのである。

⑵　中小企業の定義

⒤　定義の方法

では，大企業と中小企業とは，どのように分けることができるのか。いろいろと議論のあるところではあるが，主に2つの側面から考えるとわかりやすい。

①　量的定義

量的定義とは，何か数量であらわされる指標を基準として中小企業を定義する方法である。例えば，企業の有する経営資源の面から従業員数，資本金額，資産額など，または企業活動の成果の面から売上高，利益額などを「ものさし」として，それが一定水準に満たない企業を中小企業とする方法である。

②　質的定義

質的定義とは，企業の持つ性質をもとに中小企業を定義する方法である。質的定義では，中小企業の多くが持っているであろう特徴がポイントになる。これもとらえ方は種々あるが，代表的なものとして，所有と経営の未分離，同族経営，ワンマン経営，市場への影響力を持たないことなどがあげられる。こうした特性を有する企業を中小企業とみなすのが質的な基準による定義である。

⒤⒤　中小企業を定義することの困難性

しかしながら，このような方法で定義をしようとしても，現実にはどの基準を用いるかで中小企業の範囲も変わるかもしれない。しかも売上高や利益額などは年によって変動する。また国際的な観点からすれば，先進国と発展途上国のように経済の発展段階の違いによっても中小企業の認識は異なると考えられている。

さらに中小企業自体が異質多元的な存在と言われ，中小企業の少なくとも大部分にあてはまる共通項を見いだすことができない。中小企業に共通する何かがあれば，それが定義の中身になることは確かであるが，それが見つからない。

以上のことから，一律に中小企業の範囲を画することはなかなか難しい。先に述べたように，中小企業と大企業は相対的な概念であり，企業は中小企業から大企業までのスペクトルをなしている。スペクトルの中間帯はグレーゾーンであり，どちらとも判断がつけ難い企業の集まりである。結局は，それぞれがその都度，自身の目的に応じていくつかの基準を組み合わせて定義するしかな

いことになる。大切なことは，そのような中小企業の多様性を常に意識しておくことであろう。

(3)　中小企業の法律上の定義

とはいっても，中小企業が定義できないとなれば，例えば中小企業をテーマに卒業論文などを作成しようとするときなどには都合が悪い。そこでしばしば便宜的に用いられるのが，法律に示されている中小企業の定義である。日本のみならず世界各国で中小企業は重要な役割を果たしている。そのため中小企業を支援するためのさまざまな中小企業施策が講じられており，その必要上，法的な中小企業の定義がそれぞれの国で存在している。

(i)　日本の定義

日本における中小企業の法的定義は中小企業基本法のなかにある。中小企業基本法は1963年に施行されたが，中小企業の範囲に関しては，その後2度にわたって改められている。現行の定義は**図表21-1**のとおりである。参考までに，中小企業のなかでも特に規模が小さい小規模企業の定義もあわせて示した。

中小企業基本法では，資本金の額と常用従業員数とで中小企業の上限を決めており，その範囲内であれば中小企業，それ以上であれば中小企業ではないと判断される。つまり日本の法律では，量的基準を用いた定義が採用されている。

図表21-1　中小企業基本法における中小企業および小規模企業の定義

（中小企業の定義）

業　種	中小企業の範囲
製造業・その他（下記除く）	資本金額3億円以下，または，常用従業員数300人以下
卸売業	資本金額1億円以下，または，常用従業員数100人以下
サービス業	資本金額5000万円以下，または，常用従業員数100人以下
小売業	資本金額5000万円以下，または，常用従業員数50人以下

（小規模企業の定義）

業　種	小規模企業の範囲
製造業・その他（下記除く）	常用従業員数20人以下
商業・サービス業	常用従業員数5人以下

資料：中小企業基本法第2条。

ただしこれは「おおむね」の範囲であり，かつ具体的には施策ごとに定めるとされている。したがってこの定義も絶対的な定義でないことは明らかであるが，便宜上，この範囲にある企業を念頭に置いて先へ話を進めることにする。

(ii)　海外の定義

海外の中小企業の法的定義を見てみると，用いている基準や範囲は異なるものの，ほとんどの国で日本と同じように量的定義によって中小企業の範囲を規定している。それは法に従って施策等を実施する際，中小企業か否かの明確な判断基準が求められることのあらわれである。

そのなかで注目すべきは米国の定義である。米国では中小企業法（Small Business Act）によって，施策の前提となる基本的な中小企業の性質が提示される。それは次の2点である。

①　独立して所有・経営される
②　市場において支配的でない

米国の場合は，このあとに量的基準によってさらに中小企業を定義するという，質的定義と量的定義の組み合わせになっている。質的定義は，客観性の面から考えれば法律にはそぐわないかもしれない。しかし，中小企業の定義の仕方として参考になろう。

2．なぜ中小企業を学ぶのか

以上で中小企業の実像が少しは理解できただろうか。では次に，学びの対象としての中小企業について触れておきたい。多くの大学で，特に経営学部，そして経済学部，商学部を中心に，中小企業に関係する授業科目（例えば，中小企業論，中小企業経営論など）が設けられている。中小企業を学ぶことには，どのような意味があるのだろうか。

中小企業を学ぶときに，個々の中小企業を対象とする場合と，1つの経済のもとにある中小企業を群としてとらえる場合がある。経営学ではもちろん前者であるが，ここでは中小企業というかたまりとして，マクロ経済的な観点からポイントを整理しておこう。

図表21-2 日本経済に占める中小企業のウェイト（民営，非一次産業，2015年・2016年）

	中小企業	（うち小規模企業）	大企業
企業数	3,578,176 (99.7%)	3,048,390 (86.5%)	11,157 (0.3%)
従業者総数（人）	32,201,032 (68.8%)	10,437,271 (22.3%)	14,588,963 (31.2%)
売上高（億円）	6,290,133 (44.1%)	1,359,085 (6.6%)	7,986,085 (55.9%)
付加価値額（億円）	1,351,106 (52.9%)	357,443 (14.0%)	1,205,336 (47.1%)

(注) 1．企業の規模区分については，中小企業基本法による。
　　 2．企業数＝会社数＋個人事業所数とする。
　　 3．小規模企業の構成比は全企業数に占める割合とする。
資料：総務省「平成26年経済センサス-基礎調査」
　　　総務省・経済産業省「平成28年経済センサス-活動調査」再編加工
出所：中小企業庁編（2020）⊥　付属統計資料　1表・2表・4表・5表より筆者作成。

(1)　日本経済に占める中小企業の位置

　中小企業を学ぶ意義として第一にあげられるのは，中小企業の数字のうえでの重要性である。

　図表21-2から明らかなように，日本経済における中小企業の比重は大きい。企業数で言えば，1,000の企業の中で大企業はたったの3でしかなく，他の997は中小企業である。しかも小規模企業の割合が圧倒的に高いこともわかる。また働いている人の7割は中小企業に所属しているし，経済活動の成果においては製造業（製造品出荷額等）ではほぼ半分，商業では6割から7割近くが中小企業によるものである。

　このように，量的な面で日本経済の屋台骨となっているのが中小企業であり，それらを学習することは日本の経済の仕組みや動きを知ることに他ならない。

(2)　中小企業が果たす役割

　さらに，そうした量的な地位を背景として，中小企業が日本経済において果たしている役割も大きい。

　中小企業が果たす役割は多様である。例えば現行の「中小企業基本法」では基本理念（第3条）のなかで，次のように謳われている。

　　　「多数の中小企業者が創意工夫を生かして経営の向上を図るための事業
　　活動を行うことを通じて，新たな産業を創出し，就業の機会を増大させ，
　　市場における競争を促進し，地域における経済の活性化を促進する等我が
　　国経済の活力の維持及び強化に果たすべき重要な使命を有する」（下線筆者）
　ただし，施行された当時（1963年）の中小企業基本法（前文）では，

　　　「わが国の中小企業は，鉱工業生産の拡大，商品の流通の円滑化，海外
　　市場の開拓，雇用の機会の増大等国民経済のあらゆる領域にわたりその発
　　展に寄与するとともに，国民生活の安定に貢献してきた」（下線筆者）
と書かれており，中小企業の役割も時の流れに従って変わってきていることは
確かである。しかし，いつの時代でも中小企業に対する期待は大きいものがあ
り，日本経済の成長・発展を中小企業の視点からとらえることが可能である。

　以上に述べたように，数のうえでも，役割の面でも，わが国の経済にとり重
要な存在である中小企業を正しく理解することは，経済全体を理解することに
もつながるという意味で，経済学や経営学を学ぶ学生にとって役立つことは間
違いない。

3．経営学と中小企業

(1)　中小企業の経営問題

　群としての中小企業から，個々の中小企業に目を転じよう。先述の現行中小
企業基本法にもあったように，1つひとつの中小企業が創意工夫をこらして経
営の向上を図ることが，中小企業群のパフォーマンスを生み出す。すなわち，
学びの基本はそれぞれの中小企業が行う経営にあると言ってよい。

　ところが，中小企業は経営上，幾多の困難な問題に直面する。売上や利益が
あがらない，人材が集まらない，後継者が見つからない，資金が十分でない等
等，さまざまである。

　中小企業の抱える問題には構造的問題と経営的問題とがある。構造的問題と
は，一個の中小企業では解決が難しい問題である。例えば大手企業との間で過
度に不利な取引条件を強いられることがあるが，これは行政の関与による解決
が必要な問題である。他方，経営的問題は個別企業レベルで解決が可能な問題

である。この経営的問題に対して，経営学の知識は有効に働くと考えられる。経営学は中小企業経営の向上に資することを通じて，日本経済の発展に貢献する学問とも言える。

(2)　なぜ「中小企業」経営論なのか

さて，すでに述べたように，経済・経営系の学部で中小企業関連の科目が設置されていることは珍しくない。しかし，その一方で「大企業」という単語を冠した科目はまず見当たらない。例えば「大企業経営論」という授業がみなさんのカリキュラムのなかにあるだろうか。答えはおそらくノーだ。それはなぜだろうか。

(i)　経営学＝「大企業」経営学

もともと経営学という学問は大企業を前提として構成されている。

本章の最初に記したように，経済発展の初期においては規模の小さな企業しか存在していなかった。それらが，経済が発展するにつれて大規模化していく過程で，そうした組織や活動の維持，そしてさらなる拡大のための方法がいろいろと編み出された。それが経営学や管理論の始まりと考えられている。

それゆえに，かつて中小企業には経営はないとか，経営学は関係ないと言われたこともあった。確かに少数の従業員で日々の仕事を細々とこなしているだけの企業で経営の必要性は小さいかもしれない。しかし経営問題を乗り越え企業として成長を目指すのであれば，中小企業にも経営が必要なことは明白である。そこに「中小企業」経営論が登場するのである。

(ii)　経営論としての中小企業の位置づけ

ただ，1つ疑問が残る。既存の経営学，すなわち大企業向けに発展してきた経営学を中小企業に適用することはできないのだろうか？

この点に関しては，もう一度，中小企業の定義の問題に立ち戻って考えるとよい。もし中小企業と大企業とが量的に従業員や資本金の多寡だけの違いで分けられるとすれば，人やお金を動かす原理は数によって大きく異なるものではなく，経営理論としても両者の相違を殊更に考慮する必要はあまりないかもし

れない。

　しかし，中小企業と大企業の間には量的な差のみではなく，質的な違いもある。さらに考えてみれば，量的に違うからこそ質的な違いが生ずるという面もあり，量と質を分けて考えることは適切ではない。このように，両者はともに「企業」と呼ばれるが，経営の対象として異なるものととらえた方がよい。「中小企業は中小企業である」とか「中小企業は小さな大企業ではない」と言われるのは，そのためである。

　したがって経営学を中小企業にあてはめるときには，そのままでもよい部分がある一方で，限定的であったりアレンジが必要であったりすることもある。全く異なる考え方を要することさえあるかもしれない。こうしたことから，中小企業経営は一般の経営学に対して特殊な経営学，あるいは応用的な経営学の領域とされている。

第 **22** 章

中小企業のマネジメント

Key Words

個人事業者，法人，ワンマン経営，所有と経営の未分離，機動性・迅速性，
柔軟性，家族的経営，中小企業での働き方

1．中小企業の特質と中小企業経営

⑴　想定する中小企業の範囲

　中小企業は大企業とは量的にも質的にも異なっている。そしてそのことが経
営のあり方にも影響を与える。しかし，これもすでに述べたように，両者の境
界はきわめてあいまいで明確ではない。従業員が300人近い中小メーカーは，
大手と近い性質を有し，経営面でも大手と似ている可能性は高い。

　そこで以下では，大企業との違いを理解しやすいように，典型的な中小企業
に焦点を合わせて話を進めたい。具体的には，中小企業のなかでも相対的に規
模の小さな小規模企業（その定義は前章を参照のこと）である。小規模企業は
企業数の約87％を占めており，規模の観点からも中小企業性がより強く表れる
と思われるので，小規模企業をもって中小企業を代表させることは適切であり，
中小企業を一層理解しやすくなると考える。

⑵　類型から見る中小企業の特性

　最初に，中小企業を具体的にイメージしてもらうために，中小企業にはどの
ような企業が多いのかを見ておきたい。

　これについては，中小企業庁編［2014］の小規模事業者の類型が参考にな
る[1]。そこでは3つの基準を用いて中小企業を分類している。その基準は次の

とおりである。

①　組織形態

　　ａ．個人事業者Ⅰ：従業員なし，または家族従業員のみの個人事業者

　　ｂ．個人事業者Ⅱ：家族以外の従業員を雇用している個人事業者

　　ｃ．法人Ⅰ：経理部門を有していない法人

　　ｄ．法人Ⅱ：経理部門を有している法人

　　ｅ．法人Ⅲ：経理部門と営業部門を有している法人

②　今後目指す市場（販売先・取引先）

　　ａ．地域需要指向型：同一市区町村・隣接市区町村・同一都道府県

　　ｂ．広域需要指向型：隣接都道府県・全国・海外

③　今後の組織形態

　　ａ．維持・充実型：現組織形態を維持しながら事業の持続的発展を指向

　　ｂ．成長型：組織形態の成長（ａ→ｂ→ｃ→ｄ→ｅ）を指向

　中小企業庁編［2014］によると，まず組織形態に関しては，個人事業者Ⅰが36.6%，同Ⅱが22.2%，法人Ⅰが32.1%であり，組織として未発達の企業がほぼ9割にのぼる。ちなみに平均従業員数は，個人事業者Ⅰ＝1.3人，同Ⅱ＝2.5人，法人Ⅰ＝3.9人，同Ⅱ＝7.3人，同Ⅲ＝8.8人である。ここから，組織の体制を整備するまでもない従業員規模の企業が多いことが推測できる。

　今後目指す市場は，地域需要指向型が81%であり，事業活動の範囲は限定的である。小売や飲食店などはここに含まれていよう。組織形態別に見ると，個人事業者は地域需要型に，法人は広域需要型に，より大きなウェイトがかかっている（**図表22-1**を参照）。従業員が少なく組織体制が未整備の企業ほど，地域の市場に集中・特化する傾向が強いと言える。

　今後の組織形態に関しては，維持・充実型が77.2%と圧倒的に高い数字を示しており，成長型は18.2%にとどまる。しかしながら，より広い市場を目指そうとする企業においては，そうでない企業よりも成長型は多くなっている（**図表22-2**を参照）。

図表22-1　組織形態と今後目指す市場

	個人Ⅰ	個人Ⅱ	法人Ⅰ	法人Ⅱ	法人Ⅲ	計
地域需要指向型	39.5%	23.3%	29.4%	4.0%	3.8%	100%
広域需要指向型	23.6%	17.4%	44.0%	7.0%	8.0%	100%

資料：全国商工会連合会「小規模事業者の事業活動の実態把握調査」
出所：中小企業庁編［2014］，145頁（第3−1−18図）より，筆者作成。

図表22-2　今後の組織形態と今後目指す市場

	成長型	維持・充実型	未分類	計
地域需要指向型	15.8%	80.3%	3.8%	100%
広域需要指向型	28.3%	63.7%	8.0%	100%

（注）法人Ⅲについては，組織的成長の余地がないため，集計では未分類としている。
資料：全国商工会連合会「小規模事業者の事業活動の実態把握調査」
出所：中小企業庁編［2014］，145頁（第3−1−18図）より，筆者作成。

2．中小企業の経営的特徴

　類型化に基づく考察によって，小規模で，かつ組織とも言えないような簡単な体制を維持しながら，狭い活動範囲のなかで事業の発展を図っていこうとする中小企業の姿が見えてきた。それでは，そのようなことが経営面ではどのような特徴となって現れるのだろうか。大きく2つの観点からまとめてみよう。

(1)　ワンマン経営
(i)　ワンマン経営とは
　中小企業において，経営者の影響力は絶大である。絶対的と言ってもよいかもしれない。すなわちワンマン経営である。ワンマン経営とは，文字どおり，一人の人間（one man）が強い権限を握って経営を担うスタイルである。
　大企業でも，いわゆる「社長」は一人であるが，その社長がすべて思いどおりにものごとを運ぶことはできない。社員数万人の大手ともなれば，社長の周りには代表権を持つ者も含み数十人の役員たちがおり，彼らが話し合いながら判断・意思決定を行っていく。それに対して中小企業の場合は，経営者ひとりの考えで企業を動かすことができる。

(ⅱ)　なぜ中小企業ではワンマン経営が多いのか

中小企業にワンマン経営が多い理由を考えてみよう。

まず中小企業では必要とされる資本が少ない。通常，中小企業は経営者が自分の貯金をとりくずしたり，家族や親せきから借りたりしながら，基本的に一人で必要資本を調達することが多い。中小企業の資本は，その程度の範囲に収まっているということである。つまり中小企業は所有と経営が未分離で，経営者は企業の出資者＝所有者であるので，より大きな権限を持つことができる。

大手企業では，所有と経営が分離しており，所有者である株主と，株主から委任された専門経営者がいる。経営者は株主の意向に従わなければならない。もちろん中小企業にも株式会社の形態をとっている企業も少なくないが，大抵の場合，株主は経営者自身と経営者の家族や関係者のみであり，大手のように何のゆかりのない人たち（または機関）が株主となっていることはほとんどない。

また従業員が少なかったり，活動の範囲が狭かったりすることも，ワンマン経営の背景にある。従業員が少ないことは，大げさな組織を構築しなくとも，経営者と従業員が直接コンタクトをとることによって，十分に管理ができることにつながる。企業の活動は，特に経営者の専門性が働く分野を中心に，経営者の目の届く範囲に抑えられる。いずれにおいても，経営者一人で全体を把握できる状態にあるのが中小企業ということである。

そもそも中小企業を経営しようという人たちのなかには，誰からも指示・命令をされることなく，自由にやりたいと考える人が多い。このような要因が重なって，中小企業ではワンマン経営が多くなるのである。

(ⅲ)　ワンマン経営の特徴

ワンマン経営の生み出すメリットの1つは，企業経営における機動性・迅速性，つまりスピードである。

ワンマン経営では，経営者一人が意思決定を行っている。経営者が「こうだ！」と思えば，それは即座に企業の行動に反映される。大企業の最高意思決定機関は株主総会であり，最終的にはそこで承認を得なければならない。その前に取締役会で議論を尽くすことも必要であり，時間がかかる。現代のように，

環境の変化が速く激しい時代には，中小企業のスピードは強力な武器となる。

　柔軟性も同様である。型にはまらない，突拍子もないアイデアであったとしても，経営者さえ良しとするなら，中小企業では実行に移される。誰もが思いつかなかった画期的な新製品が中小企業で開発されるというのも，この柔軟性の賜物と言えよう。

　このように経営者の判断・意思決定が適切であれば，企業は発展できる。ところが反対に，間違った判断・決定が行われるならば，それが企業の失敗につながる。中小企業にはワンマン経営者の間違った判断を正す人がいないことが多く，また経営者は他の意見に耳を貸さない（貸したくない）傾向がある。大企業であれば何人もいる役員の誰かが異論を唱えるような場面でも，中小企業では経営者の考えがそのまま何事もなく通っていってしまう。中小企業の成否は，ひとえに経営者の資質・能力にかかっていると言っても過言ではない。

(2)　親密な人間関係
(i)　人間の結合体としての中小企業

　中小企業は従業員の数が少ない。その少ない従業員が1つまたは少数の活動拠点で仕事をしている。経営者を含み，互いに日常的に顔を合わせ，互いのことをよく知る間柄であることが少なくない。また中小企業では，そのような関係が醸成される機会に多く恵まれている。従業員間のつながりは，実はそれ以前から存在していることもある。家族従業員にはもちろん血縁・姻戚関係がある。それ以外の従業員も，全国各地からというより地元からの採用が多く，小・中学校区が同じといった地縁で結ばれていることもある。

　大企業の場合は，多数の従業員が全世界に点在する多くの拠点に散らばっている。当然，全従業員がそろうことなどあり得ない。同じ企業で働いていると言っても，同じ職場で仕事をする相手はごく一部でしかないことだろう。

　大企業では，その多人数を企業の目的に向けて管理するために，しっかりとした組織体制が構築される。その組織のルールに従って個々の従業員が活動することで秩序が保たれる。しかし中小企業では，そのような組織ではなく，いわば人間関係のなかで仕事が進められる。組織があって，そこに個々の人間が配置されるというよりは，人と人とのつながりや結びつきが中小企業経営の基

盤になっている。

(ⅱ)　親密な人間関係から生ずる特徴

　中小企業の経営は家族的経営と呼ばれることも多い。経営者が家長で，その下に従業員である家族がまとまり，温かい雰囲気があるということである。中小企業の組織は，あったとしても大企業に比べればとても単純で，管理に要するコストは格段に低い。そこでの企業経営の効率性を支えているのが，相互の密接な関係性なのである。

　さらに，そこから中小企業のパワーの源泉とも言える結束力，強いまとまりが生まれる。確かに中小企業の従業員は少ない。しかし，少ないながらも一体となって1つの目標に突き進んでいくことができる。それには経営者が一人ひとりの従業員に直に接するなかで，経営の理念や方針，戦略等について自ら説明し理解を得ることが肝要であるが，中小企業ではそれが可能である。

　しかし，その人間関係に一旦ほころびが生じたときには，互いに気まずい思いをすることになる。そうした雰囲気が周囲に伝播してしまうと，企業全体の活気も失われかねない。

　また家族のような関係であることが，「甘さ」につながるともされる。その結果，働く意欲のない，あるいは能力の低い従業員が温存されたり，仕事上の重大なミスが見逃されたりする可能性が出てくる。それらは企業にとってはコストであるが，その状態が改善されないまま放置されてしまうこともある。経営者は親のような温かさと同時に厳しさも併せ持たなければならない。

3．働く場としての中小企業

(1)　中小企業での働き方と大企業での働き方

　大学で学んでいるみなさんの最大の関心事は，就職であろう。そして大部分の人たちは，おそらく有名大手企業への就職を望んでいることだろう。しかし前章で見たように，7割の労働者は中小企業で働いている。つまり，多くの人は中小企業へ就職することになる。そこで本章の最後に，少し視点を変えて働く側から見る中小企業について述べておきたい。

　中小企業と大企業は質的に異なる。したがってそこで働くについても何か違いがあるはずである。おそらく中小企業での働き方は大企業のそれとは同じではない。就職先として企業を見るときに，どちらの働き方が自分にとって良いのか，あるいは合っているのかを考えることは，とても重要なことである。また，そうした面での中小企業の特徴を知ることは，就職活動の幅を広げることになる。

⑵　なぜ中小企業で働くのか

　中小企業の働く場としての特徴に関する研究は数少ないが，日本政策金融公庫総合研究所［2015］は，独自の調査結果を分析し，中小企業の特徴を5つの魅力と1つの課題にまとめた[2]。
　①　地元密着型の生活重視のライフスタイルを支える
　②　小さい組織ゆえの昇進・昇格・枢要な地位獲得のチャンス
　③　働き手の目から見て感じられる身近な経営・経営との一体感
　④　社内における高い自由度と自己実現・多様なスキルの獲得
　⑤　転職を前提とした生き方を支える受容体となる
　⑥　組織の未熟・未整備・規模の不利は現実的な課題
また，渡辺他［2013］ではポイントが網羅的にわかりやすく整理されている[3]。
　①　自分や企業の位置が「見える」世界である
　②　高度な専門化を追求し，その専門機能を果たす形で働くだけでは生きていくことが難しい（多様な仕事をこなすことを求められる）
　③　企業を構成する個々人の成果が，企業の成果と個々人の報酬に直接反映する傾向が強い（やりがいと厳しさの共存）
　④　働く場として特定の地域とのつながりが極めて強い（活動拠点の限定性・地域性）
　⑤　賃金の相対的な低さと労働時間等の労働条件の悪さ（規模的格差問題）
　⑥　自ら企業を創業することを自らのキャリア形成の主要な選択肢の1つとして考える可能性が高い（創業者育成機能を持つ）
　このように，中小企業で働くことは，賃金を含む労働条件や労働環境においては大企業にかなわないものの，それ以外の部分でのメリットがある。地域中

心で通勤時間が短いことや転勤がないこと，個人が専門化することなく多様な職務をこなすことによる能力の向上，組織ではなく個人の業績が評価されることによるやる気の増大，経営ないし経営者との近接性などが，そうである。

　すなわち働く場として，大企業と中小企業は並列的ではない。大企業に入ることが難しそうだから中小企業へという単純な考えではなく，中小企業の良いところと悪いところを十分に理解したうえで，就職先を選んでほしい。そのことが，入社早々の離職や転職を減らすことにつながる。大企業ではなく中小企業でこそ活躍できる人材が，より多く中小企業に就職してくれることを期待している。

●注 ──────────────

1　中小企業庁編［2014］142〜145頁参照。
2　日本政策金融公庫総合研究所［2015］，71頁。
3　渡辺幸男「中小企業で働くこと」渡辺他［2013］，1〜26頁。

第 **23** 章

起業のマネジメント

- -

Key Words

開業率，ビジネスプラン，クラウドソーシング，クラウドファンディング

1．起業と社会

　2013年，政府は「起業・創業を支援し日本経済を活性化！」という特設サイトを開設し，起業を推進している。そこでは中小企業が日本経済の基盤を形成し，新産業の創出および産業構造の転換の原動力となり，日本企業の信頼を支え，地域経済を活性化し，雇用機会を創出するとされている。起業家の活躍はこのように我が国にとって重要な中小企業群を活気づけて，我が国のさらなる成長につながるものと期待されている。

(1)　起業の現状

　期待の集まる起業であるが，我が国の起業はそれほど盛んではない。2018年の我が国の総合起業活動指数（起業活動者が成人人口に占める割合）は米国の15.6％，中国の10.4％，英国の8.2％に対して，5.3％と低い値に留まっている。また，起業への積極性に関する調査の結果を米国と比較すると「周囲に起業家がいる」米国38.5％・日本19.4％，「周囲に起業に有利な機会がある」米国69.8％・日本8.1％，「起業するために必要な知識，能力，経験がある」米国55.6％・日本10.1％，「起業は望ましいことである」米国62.7％・日本22.8％，「起業に成功すれば社会的地位が得られる」米国78.7％・日本51.5％といずれも極めて低く，我が国の起業への関心の低さが顕著なことがわかる[1]。

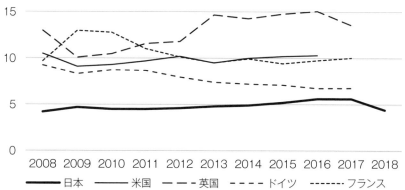

図表23-1 起業の担い手の推移

	2007年	2012年	2017年
起業家	18.1	16.9	16.0
起業準備者	52.1	41.8	36.7
起業希望者	101.4	83.9	72.5

出所：中小企業庁編『2020年版中小企業白書』
第1-3-35図より筆者作成。

図表23-2 開業率の国際比較

― 日本　― 米国　‐ ‐ 英国　---- ドイツ　……… フランス

出所：中小企業庁編『2020年版中小企業白書』pp.Ⅰ-118。

21世紀に入って，我が国の起業希望者，起業準備者，起業家いずれも減少してきており（**図表23-1**），開業率の国際比較を見ても，継続的に低い状態に留まっている（**図表23-2**）。しかしながら，起業希望者に占める起業家の比率は2007年34.7％，2012年40.4％，2017年43.6％と上昇しており，起業希望者がスムーズに起業できるようになってきている実態がうかがわれる。さらに，起業5年後の生存率を見ると，米国48.9％，英国42.3％，ドイツ40.2％，フランス44.5％に対して日本は81.7％とかなり高い。

我が国の起業活動は諸外国と比較して低調ではあるものの。起業の環境は整ってきており，起業前後のマネジメントはしっかり行われている。

⑵ 多様な起業形態

起業は新しい現象ではなく，古くから行われていた。伝統的には「手に職を

付けて独立する」，「暖簾分けをしてもらう」，あるいは「自分の城を持つ」というような，生業としての起業が存在していた。こうした生業としての起業では他社とは異なる事業を行おうという意識は低く，仲間と同じような事業を行いがちで，生活のために事業を行っている。

　それに対して，現代では新しい技術や今までにないアイディアを社会に問うような事業としての起業が増えている。事業としての起業では，生活のためだけでなく，起業したビジネスを成長させようとする志向が大切で，他社との違いや新奇性が求められている。2018年の事業型起業数を生業型起業数で除した比率が3.4で事業型起業の方が多くなっている。ただし，米国の比率9.6と比較するとかなり低く，まだまだ生業的起業も多い[2]。

　また，起業に際しての企業形態は個人企業（69.5％）が最も多く，株式会社（23.6％），合同会社等（5.3％）と続いている[3]。同じ調査で，現在の企業形態は個人企業（63.8％），株式会社（28.1％），合同会社等（6.7％）となっているので，起業後の企業形態を株式会社へと変更させることもある。

　また，最近では起業だけに収入を依存しない副業形態での起業や企業の形態をとらないフリーランス型の起業といった「ゆるやかな起業」も増えている。2018年の副業起業家は8.3％，フリーランス起業家は46.2％であった[4]。このような仕事の収入の多い少ないにこだわらず，自分の好きなことを自分でやることを重視するゆるやかな起業家は女性やシニア層に多く，企業規模はそれほど大きくなく，個人的なネットワークを活かし，起業した事業の収入に完全に依存していないという特徴を持っている[5]。

2．起業までのプロセス

　事業の開始を起業のマイルストーンとすれば，起業までの活動は起業後の成功に向けての基盤となる。起業までの基本ステップは，①「アイディア」の生成，②「ビジネスプラン」の起案，③組織・システムの構築の3ステップである。

(1)　アイディアの生成

　起業希望者が起業の準備を始めたきっかけの３番目（18.2％）が「事業化できるアイディアを思いついた」ということである。起業に踏み切るきっかけの１つが事業化のアイディアを得たことである一方，起業希望者が起業に踏み切れない理由の上位には良いアイディアがないから，というものがある。どんな事業（製品やサービスの提供）で起業するのかというアイディアの生成こそが起業の出発点となる。

　アイディア生成における基本は夢を大切にすることである。今までにないようなビジネスあるいは何かしら新奇なビジネスを開始するのであれば，夢こそがビジネスアイディアの中核となる。また，生業的な企業であってもどのような会社を起業したいかという夢は起業後の問題解決の方向性を与え，問題解決を容易にする働きがある。

　次に，経験を大切にしてアイディア生成することである。生業的な企業の場合には，経験を延長して事業を展開することになるので，何よりもこの経験が重要となる。新奇性が重要な場合，特に今までにないビジネスを始めようとする場合には，経験が発想の転換を阻害することもある。しかし，アイディアの起点となるさまざまな課題を明らかにする効果も大きい。ここで指摘している経験は仕事の経験に限るものではない，趣味やボランティアなどプライベートでの生活経験も含めたものである。

　最後に，当たり前のことであるが起業に必要なアイディアは事業のアイディアである。したがって，ニーズとシーズの両要素を考えなければならない。企業が販売する製品やサービスは購入する顧客が抱えている課題を解決するものである。潜在的顧客が本当に解決したいと考えている課題がニーズの根本である。しかし，ニーズの発見だけでは事業アイディアにはならない。その課題を解決する手段を提供できる技術やノウハウなどのシーズが不可欠である。シーズが先でもニーズが先でも良いが，ニーズとシーズをセットにしたアイディアでなければ起業はできない。

(2)　ビジネスプランの起案

　ビジネスプランは事業の魅力や内容を明確にすることで，資金提供者を納得

させ，創業メンバーだけでなく取引先などの理解を得ることで協力関係を強固にし，創業以前に問題点を明らかにし起業の成功可能性を高める。したがって，関係者に理解できる客観性を持ったプランづくりが重要となる。

　ビジネスプランには，以下のような内容を含めると良い。

①　会社のミッションやビジョン：ミッションは起業した会社の社会的存在意義を示すものであり，ビジョンは会社の目指すべき姿を示すものである。ビジネスプランの起点であり根幹となる。

②　ビジネスモデル：ビジネスモデルは企業が利益を上げるための仕組みのことである。顧客は誰なのか，顧客は何にお金を支払っているのか，顧客にとって価値のある活動は何か，等を明確にする。

③　ビジネスを展開する業界の状況：競合他社や供給業者，流通業者，代替品の状況などの5フォース分析の結果や市場規模，起業する企業の優位性などを明確にする。

④　ビジネスを展開するための組織とシステム：ビジネスモデルを実現するための設備システムや組織を明確にする。

⑤　財務計画：開業のための初期投資の計画と運転資金を含めた収支の計画を明らかにする。

⑥　起業法務：事業の開始や会社の設立にはさまざまな手続きが必要である。会社形態を含めて必要な手続きについて明確にする。

　財務計画に関して，仕入れや従業員への給料などのコストや初期投資を考慮して価格設定をして収支の計画を立てることは基本であるが，起業者自身や家族従業員の給料や初期投資の減価償却などを軽視すると開業後の生活に困窮したり，設備などの更新ができなくなり客足が遠のいたりすることも考えられるので，開業直後だけでなく長期の事業継続を視野に入れた計画が肝要となる。

　従業員を雇用する場合には労働契約を結ぶと共に社会保険などの手続きが必要になる。株式会社を設立するのであれば登記手続きが必要となる。事業内容によっては保健所への届け出が必要であったり，地方自治体の許可が必要であったり，業界団体への登録が求められたりする。こうした諸手続などに関しては弁護士や行政書士などの専門家の意見を聴きながら進める必要がある。

(3)　組織・システムの構築

　ビジネスプランに基づいて初期投資と開業直後の運転資金を調達できれば起業は可能である。必要な設備を購入し，必要な資材を購入し，従業員を雇うことができる。しかし，それだけでは事業を営むことはできない。事業を営むためのシステムを構築し，組織を形成することが必要となる。

　ビジネスモデルにはお金の流れや情報の流れ，人や物の流れに注目して大枠が記述されるが，現実の事業運営ではより具体的な内容としてのビジネスプロセスの策定が必要となる。ビジネスプロセスはビジネス目標を遂行するために必要となる人の仕事やコンピュータ処理の一連の流れであり，商品の設計，生産，資材の調達から物流，営業，販売，顧客サービスに至るまでの個々の業務プロセスの連結である。時には企業間にまたがる統合も視野に収める必要がある。

　例えば，小さな飲食店を開業する場合でも，セルフサービス式にする場合とフルサービス式にする場合では客や店員の動線が異なるので店の作りは異なってくる。セルフサービス式でも，客が最初に注文してから席に行く方式と食券を購入して席に着いて食券で注文する場合では設備も違い，店員の仕事内容も異なる。

　ビジネスプロセスに応じた設備の購入・設置，取引先の選定・交渉，仕事の流れに応じたマニュアルの整備と従業員の雇用・訓練など，事業運営を始めるまでに具体化しなければならないことは少なくない。また，事業のための組織・システムの構築には起業のための法務も付随してくるので，会社設立や事業開始までにビジネスモデル，ビジネスプロセスに応じた公的な手続きを進める必要もある。ビジネスプランを着実に具体化することが起業の成功に不可欠である。

3．起業後の成長プロセス

　順調に起業したとしても，その後のマネジメントが適切でなければ，起業してもすぐに廃業という可能性も存在している。起業5年後の生存率が81.7%ということは，起業した企業の18.3%は起業5年以内に廃業しているということ

でもある。安定して存続できる，あるいは大きく成長するためには起業直後の
スタートアップ期のマネジメントが重要になる。その鍵は事業のブラッシュ
アップと人材・資金の確保が握っている。

(1)　絶えざる事業のブラッシュアップ

起業に限らず計画したことがそのまま実現できることはほとんどない。まし
てや起業においては，既存のビジネスモデルでの起業であったとしても新しい
企業の活動は常に新たな課題に直面することと言っても過言ではない。想定し
たほど客が来ないかもしれない，客が来すぎて商品が不足するかもしれない，
想定以上にコストがかかるかもしれない，事業の運営は想定通りに進むもので
はない。こうした状況ではしっかりとPDCAサイクルを回すことが重要となる。

PDCAサイクルとは，Plan（計画）・Do（実行）・Check（評価）・Action
（改善）を繰り返すことであるが，DCAサイクルとP－DCAサイクルの2種類
の区別をすることが大切である。起業に先立って作成されるビジネスプラン
（P）に従って起業後の事業運営（D）が行われる。DCAサイクルはビジネス
プランの想定のように事業運営が行われているか評価（C）して，ビジネスプ
ランを実現できるように事業運営の改善策（A）を考え，修正した事業運営
（D）を行うサイクルである。P－DCAサイクルはビジネスプランに基づいて
改善しながら進めている事業運営の結果に基づいてビジネスプランを修正し，
新たなビジネスプランに基づいてDCAサイクルを回す大きなサイクルである。

日々の事業運営をDCAサイクルを回しながら進め，ビジネスプランの課題
を明らかにして，必要に応じてビジネスプランを修正し，P－DCAサイクル
を回し，事業をブラッシュアップさせていくことが不可欠である。特に，起業
時に想定していたビジネスモデルに問題がある場合には，起業後の経験に基づ
いて実現可能なビジネスモデルに修正しなければならない。その際，その修正
の最終的なよりどころとなるものがアイディア生成の発端となった夢である。
起業後に発生する大きな課題の解決では，起業を思い立ち，アイディアをブ
ラッシュアップしてきた原点に立ち返る必要もある。

⑵　人材・資金の調達

　ほとんどの場合，起業される企業は中小企業であり，中小企業の存続成長には継続的な人材の調達と必要に応じた資金の調達が不可欠である。以前は，人材の調達は経営者の人脈やハローワーク等に依存しており，資金の調達は取引している銀行と公的な資金等に依存していた。しかしながら，近年はICTを活用した人材調達方法（クラウドソーシング）や資金調達方法（クラウドファンディング）も利用できるようになっている。

　クラウドソーシングは形式的にはクラウドソーシングサイトを通して業務を発注する外注である。中小企業では業務量が少なくて専門家を雇用できない業務を多様な専門業者や専門家に手軽に外注できることで，いわば専門家をシェア（共有）することが可能となる。クラウドソーシングは必要なときだけ，自社に不足する資源の補完，質の高い成果物の獲得といった新しい人材調達の手段として定着しつつある。

　クラウドファンディングはインターネットを介して不特定多数の人々から資金調達することである。小口の投資を多数集めることで必要な資金を調達する仕組みで，寄付型，商品・サービス購入型，貸付型，事業投資型などがある。いずれの方法であっても多くの投資家の共感を得ることが重要になるので，起業した企業の事業内容に込めた夢やミッションを的確に伝えることが重要となる。

●注

1　みずほ情報総研株式会社『平成30年創業・起業支援事業（起業家精神に関する調査)』
2　同上
3　三菱東京UFJリサーチ＆コンサルティング『平成30年度 中小企業・小規模事業者における経営者の参入に関する調査に係る委託事業調査報告書』におけるフリーランス・副業以外の起業家のデータ。
4　同上
5　日本政策金融公庫総合研究所『ゆるやかな起業 の実態と課題』2019年２月

第 ❨24❩ 章

ベンチャービジネス

Key Words

破壊的イノベーション，ビジネモデル，戦略キャンバス，エンジェル，
ベンチャーキャピタル

1．ベンチャービジネスとは

　英語のventureは「リスク（危険）を伴う試み（をする）」が基本的な意味で，
「投機的事業」や「投資対象の新規事業」という意味でも使われるが，日本語
のベンチャーは，ベンチャービジネス，ベンチャー企業などのように英語圏と
は少し異なる意味で使われる[1]。

　ベンチャービジネスは1970年代に提唱された和製英語で，清成［1997］は
「産業構造の転換過程において登場する，業種を問わない，知識集約的な革新
的中小企業（イノベーター）」をベンチャービジネスと呼び，松田［1998］は
「成長意欲の強い起業家に率いられたリスクを恐れない若い会社で，製品や商
品の独創性，事業の独立性，社会性，さらに国際性をもったなんらかの新規性
のある企業」をベンチャービジネスと呼んでいる。共通することはベンチャー
企業が独創性・革新性をもち，イノベーションに関わる中小企業ということで
ある。

　ベンチャービジネスという用語が使われるきっかけとなった1970年代初頭の
第一次ベンチャービジネスブームでは，ハイテク（先端技術）分野と外食分野
を中心にベンチャービジネスが盛んに創業された[2]。1973年の第一次石油
ショックで創業は下火になったが，流通・サービス業を中心とした第三次産業
が拡大し始めた1980年代半ばに再び創業が活発となり第二次ベンチャーブーム

が到来した[3]。1985年のプラザ合意後の円高不況でこの時期のブームは沈静化した。1990年に始まったバブル崩壊後，長い不況期に政府主導のベンチャー支援政策によって2000年前後に第三次ベンチャーブームが到来した。

　2013年に閣議決定された「日本再興戦略」では産業の成長分野を開拓し，雇用の創出の担い手となり，イノベーションを創出する主体であるベンチャービジネスへの期待が大きく打ち出された。「日本再興戦略2016」以降の閣議決定などでもベンチャービジネスへの期待は大きなものとなっている。

2．ベンチャービジネスとイノベーション

　イノベーションは単に新製品を開発したり新技術を開発したりすることではなく，本質的には社会的な営みであり，社会の水準で知識を生み，広げ，活用する営みである。企業はそうした社会変化に積極的にかかわることで存続し成長することができる。ベンチャービジネスはこのイノベーションと強くかかわっている創業期の中小企業である。

　イノベーションはプロダクト（製品）／プロセス（工程）イノベーション，生産者／ユーザーイノベーション，漸進的／飛躍的イノベーションのようなさまざまな類型化がなされる（第26章）。こうした類型化の1つに破壊的／持続的イノベーションという類型があり，破壊的イノベーションの考え方がベンチャービジネスのかかわるイノベーションの説明に適している。

(1) 破壊的イノベーションと持続的イノベーション

　既存の業界では，どのような顧客か，どのような仕入れ先か，どのような競争相手か，それらの顧客や仕入れ先，競争企業がどのように行動するかがある程度安定している。既存業界は一般的には業界構造が安定していて，競争ルールがあるかのように秩序が形成されている。持続的イノベーションはこの既存の業界秩序を保ち，破壊的イノベーションは既存の業界秩序を破壊する。

　業界の秩序の変化を見る代表的な指標が市場シェアである。持続的イノベーションでは業界を構成している企業の市場シェア分布はゆっくりとしか変化しない。自動車業界におけるハイブリッドカーは市場シェアの分布を大きくは変

えない持続的イノベーションであった。中小企業がひしめくラーメン業界にお
けるトマト出汁のような新しい出汁の導入は，その企業の成長につながっても
業界内の市場シェア分布が大きく変わらない持続的イノベーションである。

　破壊的イノベーションでは市場シェアの分布が急速に変化する。携帯電話業
界のiPhoneは，アップル社による新規参入製品であったが，瞬く間に業界トッ
プのシェアを獲得して，当時のトップクラスのシェアを持っていた企業の業界
撤退をもたらした。ブックオフに始まる新しい古本屋の業態は，既存の小さな
古本屋を駆逐し，大規模なチェーン展開された古本屋業態を生み出した。これ
らは，当時の既存の業界秩序を破壊した破壊的イノベーションであった。

(2)　破壊的イノベーションの背景

　破壊的イノベーションは顧客やユーザーが何を良いものとして評価するかとい
う「価値観」の変化によって起きる。**図表24-1**に示したものが典型的な価
値観の変化による破壊的イノベーションの進行である。既存のA製品群のメー
カーはAのユーザーが期待する性能αの向上を追求する。Aのユーザーが評価
する性能αでは劣っていても別の性能βでAよりも良いB製品群が新たに市場
に導入される。AのメーカーはA製品群のユーザーを見ているので，B製品群
のユーザーに気づかず，性能βを向上させる努力はしない。BのメーカーはB
製品群だけでなく，A製品群を知っているので，性能αの向上も図ることにな
る。

　Bのメーカーが実現するB製品群の性能αがA製品群のユーザーの期待を上
回ると，それまでA製品群を購入していたユーザーはB製品群でも良いと考え
るようになる。このとき，B製品群の価格がA製品群よりも安価であれば，そ
れまでのA製品群のユーザーはB製品群を購入するようになる。A製品群の
ユーザーがB製品群のユーザーへ移ることで，A製品群の市場規模は急速に縮
小しB製品群の市場規模が急拡大し，A製品群の市場シェアは小さくなる。

　既存製品であるA製品群のシェアの高かった企業群はB製品群を評価する
ユーザーの存在に気づかなければ，B製品群への移行に伴ってシェアを大きく
落とすことになる。A製品群のユーザーからの情報で製品開発や技術開発を
行っている既存市場のトップシェア企業群はB製品群を評価するユーザーの存

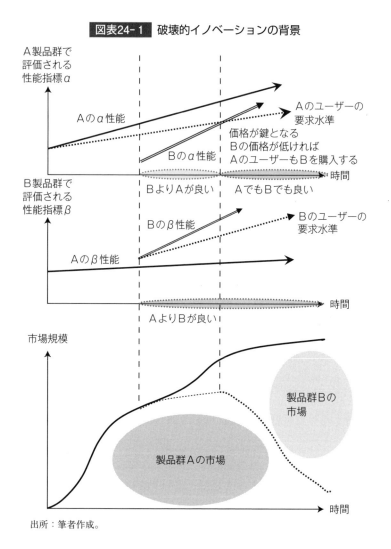

図表24-1　破壊的イノベーションの背景

出所：筆者作成。

在に気づきにくく，価値観の変化に対応できないことが多い。

　ベンチャービジネスは定義にもあるように中小企業なので，創業当初から大企業がひしめくような既存市場で活動する持続的イノベーションにかかわることは得策ではない。新たな価値観で製品やサービスを購入する新たなユーザーを探索する破壊的イノベーションは，事業基盤を固める余裕を持てる可能性も

あり，ベンチャービジネスに適したイノベーションと言える。

3．ベンチャービジネスのビジネスモデル

(1)　ビジネスモデルとは

　ビジネスモデルとは，消費者や取引先とのアクセス手段，商品や行為の選択・決済・配送などの一連のビジネス活動をモデル化したもので，端的に言えば，収益や利益を生み出す仕組みをモデル化したものである。ビジネスモデルに基づいて具体的なビジネスプロセス（仕事やコンピュータ処理の一連の流れ）が構築される。ビジネスプロセスは商品の設計，生産，資材の調達から物流，営業，販売，顧客サービスに至るまでの仕事，情報，お金，原材料や商品などの流れであり，ICTを活用して，時には企業間にまたがる統合も必要となる。

　ビジネスモデルは具体的なビジネスプロセスの基礎になると同時に事業活動がどのようにして収益・利益をもたらすかを明確にする。その記述方法は多様であるが，3つのポイントを押さえておく必要がある。一つは顧客が評価している価値である。顧客が何に金を払っているかを明確に想定し，顧客に選ばれる強みを明示する。二つ目は企業にとっての価値である。収益を得て利益につなげる仕組みを想定し，儲けられる強みを明示する。三つ目はそれらの価値を生み出す活動である。どの活動が顧客にとっての価値を生み，どの活動が企業にとっての価値を生むのかを明示する。

　図表24-2は，あるファブレス企業（工場を持たないメーカー）のビジネスモデルである。顧客にとっての価値はこの企業が持っている協力企業ネットワークを活用してコストパフォーマンスの高い部品を設計する能力であり，この企業の希少性の価値を生み出している活動は開発・試作である。開発・試作の成果を収益・利益に変換する活動が協力企業ネットワークを活用したファブレスでの受注・生産である。この企業の利益の源泉は顧客が評価している開発・試作活動であるが，収益を実現するためには生産販売活動が不可欠である。このように，顧客の評価する価値とそれを実現する活動，企業にとっての価値である利益確保のために収益を実現させる活動を明らかにする必要がある。

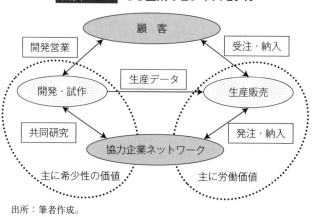

図表24-2 ある企業のビジネスモデル

出所：筆者作成。

(2)　新たなビジネスモデルの構築

　ベンチャービジネスに特有のビジネスモデルが存在するわけではないが，ベンチャービジネスであるからこそ，既存の価値観（価値があると評価される対象）を変化させるビジネスモデルを考案することが肝要となる。しかしながら，新しいビジネスモデルと言ってもゼロから生み出すものではない。新たなビジネスモデル構築の起点は模倣である。

　価値観を変えることは既存の価値観をすべて否定することではない。ほとんどの価値観を否定されたビジネスモデルをビジネスプロセスとして具体化することは極めて困難である。模倣は新たなビジネスモデル構築の第一歩であり，重要なことは新たな価値観が提案できる模倣の仕方である。

　井上［2019］はビジネスモデルの模倣として単純模倣，反面教師，横展開，自己否定の4つを挙げている。横展開と自己否定は既存企業が自社内のビジネスモデルを活用する方法なので，ベンチャービジネスにおける模倣は単純模倣と反面教師と言うことになる。単純模倣は異なる業界のビジネスモデルを模倣するものであり，反面教師は既存のビジネスモデルを批判的に活用するものである。

　既存のビジネスモデルから革新的ビジネスモデルを構想する手法としてW・チャン・キム＆レネ・モボルニュ［2015］が提唱している戦略キャンバスがあ

る。既存のビジネスモデルが提供している価値項目について新たなビジネスモデルでどのように扱うか，新たな価値項目として何を追加するかを考える枠組みである。価値項目に対応する活動について4つのアクション（取り除く・減らす・増やす・付け加える）を対応させることで新たな価値観を提供することが可能となる。その際には，新しい価値観を高く評価するユーザーを明確にしておくことが重要となる。

4．ベンチャービジネスの資金調達

　ベンチャービジネスは革新的な事業を営むことから，成功した場合の見返り（利益や企業成長）は大きいが，失敗する可能性も高い。こうしたハイリスク・ハイリターンの事業では資金調達が困難である。革新的な事業を営むことから，ベンチャービジネスは収益を得るまで，さらに黒字転換するまでに時間がかかることが多い。他方で，新たな事業が社会に認知されれば，急激な事業拡大が期待できることもある。いずれの場合も多額の資金が必要となる。

　リスクを回避しながら利益を得ようとする通常の銀行融資などは，こうしたハイリスク・ハイリターンの事業への資金供給には適さない。ベンチャービジネスにはリスクを受け入れつつ融資や投資をするリスクマネーが不可欠である。代表的なリスクマネーにエンジェルとベンチャーキャピタルがある。

　エンジェルは「血縁関係のない人にリスクマネーを供給する事業経験豊かな富裕層の個人」という特徴を持った個人投資家である。ベンチャーキャピタルはベンチャービジネス専門に投資を行う機関であり，保険や年金基金などの機関投資家から資金を集めてファンド（投資事業有限責任組合など）を運営し，主としてキャピタルゲイン（株式の取得時の価格と売却時の価格の差から得られる利益）を目的とするリスクマネーである。通常の金融機関とは異なり，エンジェルやベンチャーキャピタルは単に資金を供給するだけでなく，コンサルタントなどの支援も行うことも大きな特徴である。

　ベンチャービジネスのライフサイクルで見ると，創業するまでのシード・ステージや創業直後のアーリー・ステージでは相対的に投資額が少ないのでエンジェルがリスクマネーの中心となる。その後の事業を安定させ，成長させるミ

ドル・ステージやベンチャービジネス向け株式市場（ジャスダックや東証マザーズなど）への上場を目指すレイター・ステージに対応するのがベンチャーキャピタルであり，相対的に大きな投資を行うことになる。ベンチャービジネスの脆弱な経営能力を支援するために，ベンチャーキャピタルやエンジェルが役員として経営に参画するハンズオン型の投資も存在する。

　また，近年ではベンチャービジネスがクラウドファンディングを利用することも増えている。新しい商品や事業の姿を提示して共感する人々が資金供給するので，需要の確認をしつつ事業化や事業拡大を行えるという利点はあるが，多くの場合は大きな投資額を望むことできず，経営への支援も望むことはできない。アイディアが模倣されるリスクもあるため，利用のタイミングが重要となる。いずれのリスクマネーも万能ではないので銀行などの通常型金融機関の利用も含めて複数の資金供給源を組み合わせることも必要になる。

●注 ─────────────

1　ベンチャービジネスとベンチャー企業の意味は厳密には異なるがほとんど同じように使われており，単にベンチャーと呼ばれることも少なくない。

2　ハイテク分野では総合モーターメーカーの日本電産，自動制御機器メーカーのキーエンスなど，外食分野ではガスト等のファミレス事業のすかいらーく，ハンバーガーチェーンのモスフードサービスなどがこの時期の著名なベンチャービジネスである。

3　旅行業のエイチ・アイ・エス，通信・ネット関連の日本ソフトバンク，ゲームソフトのスクウェア（現在はスクウェア・エニックス）などがこの時期の著名なベンチャービジネスである。

第VI部

現代企業の経営課題

第Ⅵ部をより深く学ぶための参考文献

第25章　トヨタ生産方式
　大野耐一［1978］『トヨタ生産方式』ダイヤモンド社

第26章　イノベーションと経営
　一橋大学イノベーション研究センター編集［2017］『イノベーション・マネジメント入門（第2版）』日本経済新聞出版社
　延岡健太郎［2006］『MOT"技術経営"入門』日本経済新聞出版社

第27章　情報化と企業
　A. アグラワル・J. ガンズ・A. ゴールドファーブ（小坂恵理訳）［2019］『予測マシンの世紀：AIが駆動する新たな経済』早川書房
　遠山曉・村田潔・岸眞理子［2015］『経営情報論 新版補訂』有斐閣

第28章　社会のサービス化と経営
　J. L. ヘスケット／W. E. サッサーJr.／L. A. シュレシンジャー［1998］（島田陽介訳）『カスタマー・ロイヤルティの経営』日本経済新聞社
　C. ラブロック／J. ウィルツ（白井義男監修／武田玲子訳）［2008］『ラブロック＆ウィルツのサービス・マーケティング』ピアソン・エデュケーション

トヨタ生産方式

Key Words

JIT，ダラリ，自働化，かんばん，改善，目で見る管理

1．トヨタ生産方式の基本

(1)　ダラリの排除

　大量生産システムの代表であるフォード生産方式は，製造作業を標準化し，分業体制を徹底し，機械化を推し進めることで良質で安価な自動車を大量に生産することを可能にした。しかし，ニーズの多様化に，単一製品の大量生産で効率性を達成するシステムでは対応できず，中種中量あるいは多種少量生産への対応を必要としていた。トヨタ生産方式は，トヨタの自動車の販売台数が少なく大量生産を突き詰めることができず，さらには機械化でも遅れていた時代にアメリカ企業と同様の生産性を達成することを目的として創り出されてきた。

　一般的な原価主義では，「売価＝原価＋利益」と考えるので，利益を向上させようとするときには売価を上げようとする。それに対して，トヨタ生産方式では「利益＝売価－原価」という原価企画主義に基づいているので，市場によって決まる売価を前提として，原価を下げることで利益を向上させようとする。原価を下げるための考え方が，付加価値を生まない活動をするムダ，負荷がばらつくムラ，過度の負荷がかかるムリの排除である。

　トヨタでは，ムダ・ムラ・ムリの語尾をとって「ダラリ」と呼ぶ。トヨタ生産方式では，ダラリを排除して品質（Quality）の向上，原価（Cost）の低減，納期（Delivery）の遵守・短縮というQCDバランスの一体的向上を実現しよう

とする。ダラリの中でも特に重要視されるのがムダである。

⑵　7つのムダ

　トヨタでは動きと働きを区別している。製造に限らずどのような現場でも人は動いているが，そのような動きすべてが付加価値を生み出しているとは限らない。付加価値を生み出す動きが働きである。動きを働きにするためにムダの排除が不可欠になる。

　トヨタ生産方式は以下のような7つのムダの排除に努めている。

① つくりすぎのムダ：

　　必要なものを必要なときに必要なだけ作るというJITの原則からはずれて，必要な時よりも早く生産したり，指示以上に生産することで発生する在庫である。つくりすぎのムダは，手待ちや動作のムダを隠し，加工・運搬のムダなどを発生させるため，ムダの中でも最も重視すべきムダである。

② 手待ちのムダ：

　　標準作業の作業順序に従って仕事をする過程で，次の手順に進もうとしても進めない状態を手待ちという。手待ちは作業員が何もしていないのでムダである。多台持ちや多工程持ちで抑制される。多台持ちは同一あるいは類似の機械を1人で複数台操作することであり，多工程持ちは異なる機械を使う一連の加工を1人の作業者が行うことである。

③ 運搬のムダ：

　　運搬は付加価値を高めないので本質的にはムダであるが，JIT生産のために最小限必要な運搬以外の仮置き・積み替え・小出し・移し替えなどのムダをいう。運搬のムダは，1台の運搬車両に多種類の部品を積載する混載運搬や運搬と積み降ろしの作業を別の作業者が行う乗り継ぎ運搬などで克服される。

④ 加工のムダ：

　　工程の進行や，加工品の精度などに寄与しない不必要な加工によるムダである。このムダは，例えば生産工程を考慮した開発によって排除される。

⑤ 在庫のムダ：

　　生産・運搬の仕組みによって発生する在庫（素材・工程間・完成品在庫）

である。かんばんの活用と平準化の徹底で克服される。平準化は，生産する物の種類と量を平均化することである。

⑥　動作のムダ：

生産活動で，付加価値を生まない人の動きを動作のムダという。標準作業の設定とその改善でこのムダはなくされる。人の動作を中心に，ムダのない順序で，効率的に生産する方法を標準作業という。

⑦　不良をつくるムダ：

廃棄しなければならない不良品や，手直しをしなければならない物を作ってしまうことをいう。手直し工程，調整工程を正規工程とすることはムダを正式に認めることになる。これは自働化で根絶される。

(3)　トヨタ生産方式の二本柱

ムダを排除して，システムとしてトヨタ生産方式の高生産性を支えているのはジャスト・イン・タイム（JIT：Just-in-Time）と自働化の二本柱である。

ニーズの多様化に対応し，市場での売れ行きにの変動にフレキシブルに対応するためには，売れるものを売れるだけ売れる速度で作り，つくりすぎのムダ等を徹底的に排除する必要がある。トヨタ生産方式では，「必要なものを必要なときに必要なだけ作る」というJITを後工程引き取り方式（プルシステム）で実現する。これは最終工程に生産計画を指示し，後工程が使った分だけ前工程に引き取りに行き，前工程は引き取られた分だけ生産する仕組みで，「かんばん」で実現される。

自働化は人べんの付いた自動化とも言われ，トヨタ生産方式を支えるもう1つの柱である。欠陥品が発生した場合や製造機械に故障が生じたときなど何らかの不具合が発生した場合，あるいは1つの作業が完了した場合に，自働的に機械が停止したり作業が止まることである。自働停止は機械的でもいいし，作業者による停止措置でもいい。これによって，例えば不良の流出がなくなると共に，不良ができる原因がわかり，再発防止を図ることができる。自働化は，「目で見る管理（問題を顕在化させる仕組み）」や「平準化（製造する品種や量の平均化）」などの手法や現場を巻き込む「改善活動」を通して進められる。

2．JITを担う情報システム

(1) かんばん

JITを実現する方法はトヨタ生産方式だけではない。1960年代から開発が始まり，1970年代には実用化されるに至ったMRP（Material Requirements Planning：資材所要量計画）もJITを追求している。MRPでは計画によってJITを達成しようとするが，トヨタ生産方式では"かんばん"という情報システムでそれを実現している。

かんばんは1枚のカードで，通常使われるかんばんには仕掛けかんばんと引き取りかんばんがある。仕掛けかんばんは，生産工程での生産着手（仕掛け）指示に使うかんばんであり，生産指示かんばんとも呼ばれ，工程内かんばんと信号かんばんとがある。引き取りかんばんは，後工程が前工程へ部品を引き取りにいくタイミングと引き取り量を指示するかんばんであり，工程間引き取りかんばん，外注かんばんがある。

後工程が前工程の完成品を取りにくると，在庫からかんばんをはずすことになる。運搬するときに仕掛けかんばんと前工程の完成品が切り離され仕掛けかんばんだけになる。同時に引き取りかんばんがその完成品とセットになる。かんばんだけの仕掛けかんばんは生産指示書になり，そのかんばんの指示する量だけ製造する。製造する際に使用される部品などから引き取りかんばんがはずされ，かんばんだけになるとそのかんばんは運搬指示書になる。これが仕掛けかんばんと引き取りかんばんの基本的な働きである。

信号かんばんは，1つのラインで多種類の品物を加工しており，段取り替えに若干の時間を要するロット生産工程での生産指示に用いられる。外注かんばんは，仕入先から納入される部品に用いられる。納入は仕入先が行うが，工程ではずれた分だけの外注かんばんで納入されるため工程間引き取りかんばんと同じ後工程引き取りが可能となる。

図25-1 仕掛けかんばんと引き取りかんばんの使い方

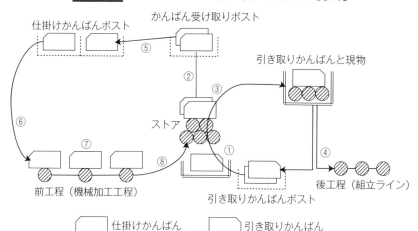

(2)　かんばんの動き

かんばんは**図表25-1**のように使われる。かんばんは，後工程を起点として8つの各段階を踏んで使用される。

① 　後工程の運搬人は必要な数の引き取りかんばんと空のパレット（コンテナ）を前工程のストア（部品置場）に置く。引き取りかんばんポストに引き取りかんばんが一定枚数貯まった時，あるいは定期的に引き取りに行く。

② 　後工程の運搬人はストアで部品を引き取り，パレット内の部品に付いている仕掛けかんばんを取りはずし，かんばん受け取りポストに入れる。同時に，空のパレットを前工程が指定する場所に置いておく。

③ 　運搬人は自分が取りはずした仕掛けかんばん1枚につき，引き取りかんばん1枚を代わりに付ける。

④ 　後工程で作業が始まる時，引き取りかんばんは引き取りかんばんポストに入れられる。

⑤ 　前工程では，一定時間または一定数の部品が生産された時に，仕掛けかんばんがかんばん受け取りポストから集められ，ストアで取りはずされた順に仕掛けかんばんポストに入れられる。

⑥ 　仕掛けかんばんポストに置かれた仕掛けかんばんの順に部品を生産する。

⑦ 部品とかんばんは，加工が行われる際，一対のものとして移動する。

⑧ 部品加工が完了すると，その部品と仕掛けかんばんはストアに置かれる。

かんばんの動きと製造，あるいは運搬が同期化することで，前後の工程が同期化する。かんばんと現物がセットになっているときには製造あるいは運搬は決して行われない。かんばんだけが置いてあるときに限り，製造あるいは運搬が行われる。かんばんが現物から離れるのは，それが使われたときか，使うために運ばれたときだけである。そのときだけ製造したり，運んだりすることで，余分なものは製造しない，運ばないJITを実現している。

3．JITを実現する背景

(1) 改善活動

かんばんと現物が不即不離の関係にあることから，工程内の素材，部品，仕掛品の在庫はかんばんの枚数で制限される。かんばんに記載された以上の在庫は存在しないことになる。かんばんは，ムダに生産したり運んだりすることを防ぐ手段であるが，同時にかんばんの量に見合った在庫を許容している。かんばん枚数を低減していくことがムダを排除する重要な活動となる。このかんばん枚数の排除は改善によって行われる。

在庫の低減に代表されるようなQCD向上のための改善は現場のみならず，生産技術者や部品・製品の設計者を巻き込んで実施される。

いずれにせよ，現場の改善能力を高めることが必須である。QCサークルに代表される小集団活動が，わが国において極めて広く普及しているが，トヨタ生産方式で注目されるのは，現場小集団による改善活動である。

現場の改善活動において重要なことは，改善箇所や問題点がよくわかるようにすることである。トヨタ生産方式において重要な"目で見る管理"は改善点の焦点化にとって不可欠である。かんばんの枚数も目で見る管理の１つである。

(2) 目で見る管理

自働化のための手段であるライン・ストップ・ボタンも目で見る管理の１つである。トヨタ生産方式では，ライン・ストップ・ボタンはすべての作業者が

押すことができる。前工程から流れてきた部品の不良，自工程での作業ミス，機械の故障等，何が原因でも不具合が生じるとラインは止められる。

　ラインを止めることは瞬間的には確実に生産量を落とすことにつながる。納期の遅れを引き起こす可能性もある。しかし，問題が生じたときにラインを止めることで，不良品が生産されてしまうことはないし，何よりもそのときに生じた問題はその時点で解決される。基本的にはその問題あるいはミスはその後には生じないか，生じにくくなる。したがってラインを止めることは，その後にラインが止まらないようにする手段でもある。

　目でみる管理は，作業の結果，作業の条件等を当該作業者だけでなく，誰の目にも見えるようにすることでもある。自働化と目で見る管理の接点がライ

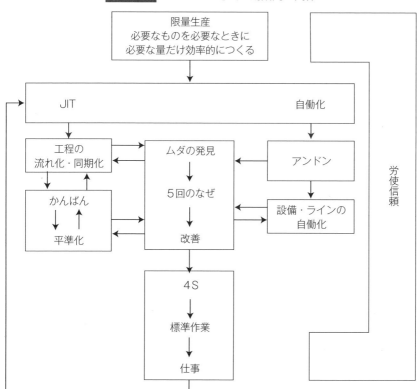

図25-2 トヨタ生産方式の用語間の関係

ン・ストップを見えるようにするアンドンである。アンドンは現時点の異常場
所を一目で判断できるようにした電光表示盤である。

　ラインが止められた際には，原因となる工程がわかるようにアンドンに表示
される。監督者は，原因となる工程に行き，作業者とともに問題解決に当たる。
場合によっては，ライン・ストップで手待ちになる前後工程の作業者が問題解
決に協力することもある。

　自働化のためのライン・ストップ・ボタンあるいは目で見る管理のためのア
ンドンは，改善の機会を作り出し，改善すべき箇所を浮かび上がらせる。技術
者のみならず，改善すべき箇所を担当している作業者，その仲間を巻き込んだ
改善活動が存在して初めて，トヨタ生産方式の技術システムはその力を発揮す
るのであり，トヨタ生産方式はQCDの一体向上を実現できるのである。

　JIT，かんばん，多台持ち，多工程持ち，混載運搬，乗り継ぎ運搬，平準化，
標準作業，自働化，これらは7つのムダの排除を簡単に紹介した際に用いた用
語である。いずれもトヨタ生産方式に独特な用語である。これらの他にも，ア
ンドンや4Sなど独特な用語を用いてトヨタ生産方式は解説される。こうした
用語で示される概念間の関係は前頁の**図表25-2**のようなものである。トヨタ
生産方式は単純な手法ではなく，背後に一言では表現できない「哲学」をも
持っている。

第**26**章

イノベーションと経営

Key Words

イノベーション，研究開発，テクノロジー・プッシュ，ディマンド・プル，
ドミナント・デザイン

1．イノベーションと研究開発

(1) イノベーションと企業

　企業の存続と成長がイノベーション（innovation）への対応に依存していることは，誰もが認めることであり，改めて論じるまでもない。しかし，イノベーションへの適切な対応はそれほど容易ではない。イノベーションの契機に参画できる企業は限られており，多くの企業は変化の大きな流れの中でそれへの対応を迫られる。

　イノベーションという見方は，シュンペーター（J. A. Schumpeter［1977］）が経済発展の駆動力として提示した新結合（①新しい財貨の生産，②新しい生産方法の導入，③新しい販路の開拓，④新しい供給源の獲得，⑤新しい組織の実現という5類型）の概念に由来すると言われている。その後，この概念は経済学だけでなく，経営学や組織論あるいは社会学などさまざまな分野で使われるようになり，その意味は多様化してきた。例えば，経営学の立場でドラッカー（P. F. Drucker［1985］）は，イノベーションとは資源に対し富を創造する新たな能力を付与するものであると述べて，イノベーションを個別企業の活動と強く結びつけた。また，クリステンセン（C. M. Christensen［2001］）は技術の変化すべてをイノベーションと呼んでいる。

　最近はイノベーションという用語が明確に定義されることは少なく，新製品

開発や技術開発と同じ意味で使用されたり，個別企業水準の変化として扱われたりすることも多い。しかし，この概念の歴史的変遷を振り返る限り，イノベーションは本質的には社会的な営みであり，社会の水準で知識を生み，広げ，活用する営みである[1]。

産業革命以降の工業化社会においては，技術的な変革がイノベーションとしての重要な地位を占めてきた。しかし，脱工業化社会が叫ばれた20世紀最後の四半世紀には組織革新や販売革新などの非技術的な変革へと議論の対象は広がりを見せてきた。近年では，変化あるいは変革活動全般がイノベーションと称され，議論されている。企業経営にとっては技術的であるか否かにかかわらずイノベーションの遂行あるいはイノベーションへの追随は常に最重要な課題の1つである。技術的側面にとらわれないイノベーションの議論は広範な企業の発展機会を対象とする上でますます重要性を増している。

ただし，イノベーションにおける技術的側面の重要性は高まりこそすれ決して低下してはいない。近年の流通革新や組織革新は実践的な側面でICT（Information & Communication Technology：情報通信技術）を中心とする新たな技術の採用なくしては考えられないものが多い。宅配便は高度な情報ネットワークなしでは実現できない。組織をフラット化する動きもICT抜きでの実現は困難である。低コストで飲食を提供するチェーン店方式のファミリーレストランでは食品の冷凍技術とその冷凍輸送技術が不可欠である。

(2) さまざまなイノベーション

イノベーションは大きく2つの段階に分割できる。1つが新しい知識を作り出す創造の段階であり，もう1つが新しい知識を広める普及の段階である。創造のための主たる活動が研究開発である。研究開発は新しい技術を生みだす過程であり，研究（Research）と開発（Development）に分けられ，R&Dとも呼ばれる。研究には新しい製品や製造方法などに直接は結びついていない基礎研究と新しい製品や製造方法などに利用する知識を創り出す応用研究がある。実際に販売される製品，あるいは実際に使われる製造方法を考え出す活動が開発である。ただし，実際に製品を生産するためには開発の後に具体的な実用化のための設計（Design）や試作が必要である。設計まで含めた生産の前段階は

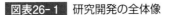

図表26-1　研究開発の全体像

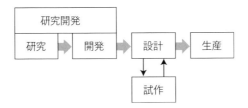

RD&Dとも呼ばれる。

　研究開発などの活動を通じて創り出された知識が現実に利用された結果がイノベーションである。イノベーションにはさまざまなタイプがあるが，基本的な分類視点はイノベーションの対象，イノベーションの主体，イノベーションの程度である。

　イノベーションの対象による分類では，伝統的にプロダクト・イノベーション（Product Innovation：製品革新）とプロセス・イノベーション（Process Innovation：工程革新）という分類が行われてきた。企業は原材料や部品，エネルギー，設備，労働力などを投入して，それを変換して，世の中へ何かを産出する。製造業における産出はプロダクト（製品）であり，産出される製品そのものに新しい技術を採用することがプロダクト・イノベーションである。

　他方，プロセス・イノベーションは企業における変換過程に新しい技術を採用することである。企業間での取引を考えると，ある企業の産出が別の企業の投入になることが多い。例えば，製鉄関連の企業にとって鉄板は産出であるが，自動車工業ではそれは投入になる。そのため，素材や部品に関するイノベーションはプロダクト・イノベーションを拡張して考察されることが多い。また，プロダクトの内容をサービスにまで拡張することで流通業などの非製造業におけるイノベーションにもプロダクト・イノベーションとプロセス・イノベーションの類型化は採用される。両者を分離することが困難なことも多く，プロダクト・イノベーションとプロセス・イノベーションが同時に進行することも少なくない。

　イノベーションを誰が起こすのかという主体の分類では，生産者によるイノベーションとユーザーによるイノベーションの区別が代表的である。生産者に

よるプロダクト・イノベーションはその製品を使うユーザーの何らかのプロセスに変革をもたらす。他方，プロセス・イノベーションはそこで使われる機械や素材などの利用法の変革をもたらす。生産者のプロダクト・イノベーションとユーザーのプロセス・イノベーションが相互作用するのである。この相互作用がイノベーションの連鎖というダイナミズムを生み出す。

　イノベーションの程度についての代表的な区分は飛躍的イノベーションと漸進的イノベーションである。飛躍的イノベーションは，シュンペーターが経済発展の原動力に位置付け，創造的破壊と呼んだような，社会的に大きな変革をもたらすようなイノベーションである。新しい産業を作り出したり，既存の産業構造を変えてしまうようなイノベーションである。

　漸進的イノベーションは既存技術を洗練していくようなイノベーションであり，既存の産業構造にはあまり影響しないようなイノベーションである。飛躍的イノベーションを遂行することは大きなリスクを伴うが，成功すればそこから得られる収益は巨大なものとなる。他方，漸進的イノベーションは相対的に小さなリスクしか伴わないが，成功する場合にもそれほど大きな収益をもたらすわけではない。

2．イノベーションの契機

⑴　テクノロジー・プッシュ

　テクノロジー・プッシュ（Technology Push）の考え方では技術，あるいは技術活動そのものに注目する。プロダクト・アウト（Product Out）とも呼ばれるテクノロジー・プッシュの議論では，イノベーションのきっかけをなす発明活動の社会的・経済的活動からの自律性が強調され，発明は技術自身の持つ「内なる論理」によって導かれるものとされる。

　内なる論理とは技術や科学が論理的に持っている発展の道筋であり，技術的なアンバランスを解消しようとした技術者・研究者の活動成果がイノベーションということになる。例えば自動車の開発であれば，エンジン性能が上がればそれに応えうる足回りの技術開発が進められる。オーディオ製品であれば，アンプの性能が向上すればその性能を発揮できるスピーカーが開発される。

　テクノロジー・プッシュの考え方を中心とする企業経営は，技術者が企業の利益を考えて，潜在的によい商品化が可能な技術的飛躍を求めるというマネジメント・スタイルである。しかし，テクノロジー・プッシュ型でイノベーションを推進することは以下のようなリスクも伴っている。

①　技術者が注目する特定の技術的解法に開発テーマが固定化する危険性
②　技術的に見て最も簡単に探求でき，評価できる方向へ応用が進む危険性
③　実用化において発明を利用することが優先される危険性
④　技術者の身近な典型的ではないユーザーの要求に焦点を当てる危険性

　企業にとって，利益を生まない変革に魅力はない。ましてや損失を生み出す変革は避けなければならない。ユーザーに支持されない変革は企業の維持・発展を支えるイノベーションにはなり得ない。テクノロジー・プッシュを強調しすぎることはユーザーによる選択の視点をあまりにも軽視することになる。

⑵　ディマンド・プル

　需要がイノベーションを始動させるイノベーションのきっかけとなり，原動力となるという考え方がディマンド・プル（Demand Pull）の考え方の原点である。マーケット・イン（Market In）とも呼ばれる。ディマンド・プルの考え方では，「必要こそ発明の母」であり，需要がイノベーション過程の引き金を引いているのである。

　ディマンド・プルでは「ニーズの認識」が中心的な役割を果たす。ディマンド・プルの考え方を中心にする企業経営では，マーケティング指向のマネージャーが技術者を高い需要が見込まれる魅力的な市場の方向へ導くというマネジメント・スタイルとなる。しかし，ディマンド・プル型でイノベーションを推進することは以下のような問題もはらんでいる。

①　潜在性が小さくても，簡単に確認できる需要に注目してしまう可能性
②　目先の需要にとらわれて，長期的傾向を見落としたり，大きな飛躍の機会を見逃す可能性
③　マーケティング指向のマネージャーに理解可能な，したがって既存技術を応用したアイディアが使用されがちになる可能性

　企業経営においては，利益を生み出す可能性の高い方向へ事業を展開するこ

とが重要であり，短期的に利益を得られることも重要であるが，5年，10年後の事業基盤を形成していくことも重要である。ディマンド・プルを強調しすぎることは技術者にしかわからない将来的可能性が軽視され過ぎることになる。

(3)　交錯する過程

　ディマンド・プルで主張されるように，ユーザーによって選択されることは重要であるが，ユーザーは技術的に何が可能なのかを必ずしも知ってはいない。ニーズには夢想的ニーズ（昔，人々が鳥のように飛びたいと願ったようなニーズ），潜在的ニーズ（エンジンや翼などの技術的知識が存在して飛ぶことが実現できるかもしれないと思うようなニーズ），顕在的ニーズ（飛行機が発明された後に，より速く，より快適に飛びたいと思うようなニーズ）がある。

　企業経営では夢想的ニーズを追求することは考えられない。潜在的ニーズですら，技術的知識のないユーザーには想像できないニーズである。顧客密着で得られる顕在的ニーズに従う技術の変化は既存製品の改良的発想に終わることが多い。新たな市場を創造したり，既存市場を大幅に拡大するような潜在的ニーズに応えるイノベーションをニーズ主導で進めることは困難である。

　他方，テクノロジー・プッシュで主張されるように，ユーザーの知らない技術的可能性を提示することも重要であるが，技術者はユーザーが何を望んでいるかを必ずしも知ってはいない。技術者がもっぱら自らの知的好奇心に従って研究を進めれば，そこから生み出される技術が社会的に受け入れられる可能性はそれほど高くはならない。技術の内なる論理を紡ぎ出す技術者にユーザーの視点が欠けていればユーザーに支持され，企業に利益をもたらすイノベーションを提案することは困難である。イノベーションの創始段階では，テクノロジー・プッシュとディマンド・プルの2つの考え方を使い分けていくことが必要となる。

3．イノベーションにおける時間

　J. バーク（J. Burke［1978］）は8つのイノベーションの開発に至る長い技術史をあたかも推理小説のように展開している。バークは原因結果論という見方

で技術史を展開し，発明者のレッテルを貼られた人々が孤独な発明家ではなく，歴史的に生きてきたすべての人々の活動の成果を生かした発明家であることを示している。彼は技術進歩における偶然の役割を指摘しつつも，同時に技術の連続性，発明・発見のつながりの重要性を指摘している。

　他方，R. M. ロバーツ（R. M. Roberts［1989］）はセレンディピティーと呼ばれる能力を通じてイノベーションにおける偶然の果たす役割を強調している 。セレンディピティーは「偶然によって幸運な発見をする能力」を意味している。このセレンディピティーがもたらすものは技術，観念，パラダイムの飛躍的変革である。イノベーションにはこの飛躍が不可欠である。

　イノベーションは発明ではない。確かに発明の瞬間には今までなかったものが生み出され，技術的な不連続が存在する。セレンディピティは重要ではある。それはイノベーションにおける華々しく神話として語られやすい側面である。しかし，発明はイノベーションの 1 つの過程であり，イノベーション過程全体を見渡す視点も同様に重要である。

　J. M. アッターバック（J. M. Utterback［1998］）はドミナント・デザインの概念を中心にして技術の発明，市場の発展，企業の行動がおりなすイノベーションのダイナミズムを述べている 。それによれば，自動車の発明や電球の発明のような今までにない新たな製品が提案される流動期には製品そのものに関する技術上の発明が多く発生する。そしてその製品の標準的な技術的構成（ドミナント・デザイン）が固まった後の移行期にはそれを生産するための工程に関する技術上の発明が多く発生する。その後の固定期には製品的にも工程的にも技術上の発明は少なくなる。そして，市場によっては大きな飛躍を伴う大きな製品上の変革が出現し，再び流動期から固定期へという変化が進行する。

　ダイナミックなイノベーションの進展にはある程度の時間を要する。イノベーションが社会に受け入れられていく過程では連続性と不連続性が交錯する。タイプライターは初期の機械式から電動式，PC上で動作するワードプロセッサーへと変化してきた。こうした一連の不連続とは異なり，キー配列は一貫して変化していない。先に述べた既存技術を前提とする変化の連続性はイノベーションが社会的に受容される素地ともなるのである。

　本章ではイノベーションをめぐる 2 つの視点，イノベーションの契機とイノ

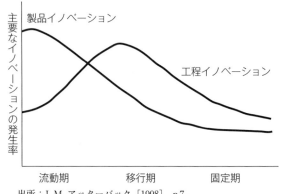

図表26-2　イノベーションのダイナミクス

出所：J. M. アッターバック［1998］, p.7。

ベーションにおける時間を取り上げた。これら以外にもイノベーションをめぐ
る視点は数多くある。イノベーションに関わる組織的問題〜分散と集中，機械
的組織と有機的組織，企業間連携の問題など〜，イノベーションの戦略〜先行
と追随，攻撃と防御など〜，たいていの経営課題はイノベーションとの関連性
を持っている。変化を自ら生み出すこと，他社が生み出した変化に適切に対応
することは企業におけるすべての活動に関連する最重要の課題である。

●注 ────────

　1　一橋大学イノベーションセンター編［2017］, pp.10 – 18。

第 27 章

情報化と企業

●●●●●●●●●●●●●●●●●●●●●●●●●●●●●●●●●●●●●●

Key Words

情報化，ICT，情報システム，デジタルトランスフォーメーション，ソーシャルメディア，
クラウドコンピューティング，IoT，ビッグデータ，AI

1．情報化

(1) 情報化とは

　情報化とは，何らかの対象の中で情報の価値や重要性が高まることを意味する。広義には，書籍や映画など情報財への支出の増加や，購買決定においてデザインやブランドなど情報的な価値が重視されることも含まれるが，ここで検討するのは，コンピュータやインターネットなどデジタル情報を扱うICT（information and communication technology，情報通信技術）[1]の利用を進めることによる情報化である。なお，デジタルとは，情報を離散表現すなわち数値として表すことであり，具体的には，文字や音声，映像などすべての情報を「0」「1」のパターンとして表現することである。

　昨今の情報化の進展は，このようなデジタル情報を扱うICTに支えられ，またその飛躍的な発展によって牽引されてきた。

(2) ICTの発展

　ICTの急速な発展を表す概念に「ムーアの法則」がある。それは，インテルの共同創業者の一人であるゴードン・ムーアが1965年に発表した「半導体の集積度が18ヶ月毎に倍増する」という予測であり，コンピュータの性能が上昇カーブを描いて指数関数的に高まることを指摘したものである。

実際，ICTの発展の速さを身近なところでも感じることがある。例えば，スマートフォンは「通話できるコンピュータ」というべき情報機器であるが，新しく買い替えるたびに，データの保存容量や動画の解像度，通信品質などが大幅に改善されるということがしばしば経験される。

一方で，ICTの価格は，性能の高まりに対して大きく変わらないか，性能が同じなら低下さえしてきた。以前なら個人では買えなかったような高性能な情報機器を現在では安価に入手することができる。結果として，ICTは広く普及し，今やわれわれの生活になくてはならないものとなっている。

2．企業の情報化

(1) 情報システムの発展

企業においては早くから情報化が進められてきた。厳しい競争環境の中を生き抜くためには，より積極的に情報化に取り組む必要があったと考えられる。

企業における情報化という場合，通常，情報システムあるいは経営情報システムの利用を進めることを意味する。情報システムとは，コンピュータをはじめとするICTを組み合わせて構築される情報処理の仕組みであり，特に，企業経営において利用されるものを経営情報システムと呼ぶ。

企業の情報化の経緯について，島田・高原［2007］は，**図表27-1**のモデルを示している。このモデルは，情報化の発展段階を4つに分け，それぞれにおけるICTの利用目的や処理方式などを整理したものである。

まず初期の「汎用機の時代」には，ICTは，業務上の計算作業や意思決定の

図表27-1 情報化の発展段階モデル

	汎用機の時代	PCの時代	インターネットの時代	ユビキタスネットの時代
開始時期	1950年代後半	1970年代後半	1990年代後半	2010年代前半
処理方式	集中	分散	集中・分散	集中・分散
組織空間	組織内	組織間	組織・個人間	組織・個人・物質間
目的	省力化	顧客満足	協働	共生

出所：島田・高原［2007］による情報システムの発展段階を元に作成。

ために用いられた。それまで手作業で行われていた会計や給与の計算を，大型のコンピュータで集中処理し，省力化することが目的であった。当時のこうした考え方はEDP（electronic data processing）と呼ばれる。

　また同時代には，MIS（management information system）の概念も提唱された。MISの名称は，現在，企業経営で活用される情報処理の仕組みを総称して用いられるが，当初は，当時構想された「企業経営におけるあらゆるデータを経営者や管理者に提供し，管理業務を支援する情報システム」を意味していた。

　「PCの時代」には，コンピュータの小型化と低価格化が進み，分散的な情報処理が志向された。この時期には，現場で入力されたデータを処理して管理者に提供し意思決定を支援するDSS（decision support system）が登場した。

　同時期には，オフィスワークの生産性が工場労働に比べて改善していないことが指摘されOA（office automation）概念も打ち出された。オフィスにパソコンが導入され，文書作成や計算処理などに使われるようになった。

　また，情報システムを競争優位の実現のために利用するSIS（strategic information system）の考え方が示されたのもこの時期であった。今ではSISという用語を聞くことはないが，ICTの活用を戦略的な課題として位置づけることは，企業の情報化を考えるうえでの共通理解となっている。

　「インターネットの時代」に入ると，コンピュータは標準化されたネットワークに接続され，人や組織の協働を支えるために用いられ始めた。電子メールが広く定着したのもこの時期である。また，オンラインで商取引を行うEC（electronic commerce）が普及し，ネット販売が一般的になった。

　一方，企業内ではイントラネットが導入された。それは，標準化されたインターネット技術を用いて構築された企業内情報ネットワークである。そして組織メンバーの協働を支援するグループウェアや，メンバー間における知識の共有や再利用などを支援するナレッジマネジメントシステムが導入された。

　「ユビキタスネットの時代」とは，「いつでも，どこでも，何でも，誰でも」情報ネットワークにつながり，情報をやり取りできるような昨今の状況を指している。企業はこうした環境に置かれていることを前提に情報化を考える必要がある。

⑵　情報システムから事業システムへ

　企業における情報化の対象は，個別業務の支援にとどまらず，業務間，企業間，企業全体，ビジネス全体へと拡大してきた。

　情報システムを基盤にビジネスプロセスを業務横断的に再構築すべきとする考え方がBPR（business process reengineering）である。それは，顧客の価値の向上を目指してビジネスプロセス全体の最適化を図ることで，個別業務の情報化では得られない効果を実現しようとするものである。

　SCM（supply chain management）は，このような考えを組織外にまで広げ，サプライチェーン全体の最適化を志向する。サプライチェーンの関係者の間での連携が取れないと，商品や物資の手配が遅れ市場対応に時間がかかったり，重複して在庫を保有するなどの無駄が生じる。そこで，サプライチェーン全体で情報を共有し，従来の非効率を解消することが提唱された。

　また1990年代の後半にはERP（enterprise resource planning）が脚光を浴びた。生産・販売・会計・人事などの基幹業務を対象としたシステムは，従来，業務ごとに構築され，データも別々に管理されていた。しかし，新製品の生産を増やせば，相応の人手や物資が必要となり，そのための資金が必要になる，といった具合に業務は連動する。ERPは，基幹業務システムを統合することで，全社的な視点から経営状況をリアルタイムに把握することを可能にした。

　さらに，ｅビジネスの考え方もある。これは1997年に当時IBMの会長であったルイス・ガースナーによって提唱された概念であり，ネットワーク化されたICTを企業のあらゆる業務処理に適用することによって，経営資源を効率的に組織化することを可能にするビジネスと説明される。

　このように企業の情報化は，情報システムをいかに構築し利用するかという視点から，情報システムをビジネスの基盤として活用し，いかに事業システムを構築するかという視点へと変化してきた。情報化は，いまや単なる技術的な課題ではなく，経営的な課題として捉えなくてはならなくなっている。

3．デジタル技術の浸透

　デジタル技術が社会に浸透し，生活や仕事のあり方が変化することをデジタ

ルトランスフォーメーション（Digital Transformation）と呼ぶ。いわば新たな情報化である。企業経営の文脈では，ビジネスプロセスを高度なデジタル技術を前提に最適化されたものへと転換すること，ということができる。ここでは，企業経営に少なからず影響を及ぼしてきたデジタル技術について検討する。

(1)　ソーシャルメディア

　インターネット上での情報発信の手段として，ソーシャルメディアが広く使われるようになった。それは，SNS（social netowrking service）やブログ，メッセージングアプリ，コンテンツ投稿サイトなど，情報ネットワーク上で人々が双方向にやり取りする手段の総称である。代表的なサービスとして，FacebookやTwitter，LINE，Instagramなどがある。

　本来，インターネットは不特定多数の人々に開かれたメディアであるが，ソーシャルメディアはそこに，友達やフォロワー，グループなど利用者間の関係を持ち込み，コメント機能や「いいね！ボタン」を使って気軽にやり取りすることを可能にした。一方で，公開範囲の設定によっては「友達の友達」や「フォロワーのフォロワー」などにも拡散されうるという特徴もある。結果として，今では多くの人々に受け入れられ日常的に利用されるようになった。

　企業にとってこうしたメディアは，消費者への効果的なアプローチ手段となる。新商品の紹介やキャンペーンの告知を行えば，消費者の目に留まる可能性が高まる。自社アカウントをフォローする人々とは直接メッセージをやり取りでき，そうした人々にクーポンを配布すれば高い効果が期待できる。顧客との良好な関係を構築し維持する取り組みはCRM（costomer relationship management）と呼ばれるが，この点でもソーシャルメディアの意義は大きい。

(2)　クラウドコンピューティング

　コンピュータを使うためには，従来，自前のハードウェアとソフトウェアを用意するしかなかったが，今ではネットワークを介してサービスとして利用できるようになった。写真や文書などのファイルをネット上に保存しておくオンラインストレージを利用したことはないだろうか。またパソコンに設定しなくても，文書作成や表計算ソフトをネット上のサービスとして使ったことがある

人も多いはずだ。クラウドコンピューティングとは，このようにコンピュータの機能をオンラインのサービスとして利用することにほかならない。

　利点の1つは，高度な情報処理能力をさまざまな形で利用できることである。性能の低いパソコンや，その他の非力な情報機器であっても，クラウドの高性能なコンピュータにアクセスすることで高い処理能力を利用できる。この技術は，スマートウォッチや情報家電などを実現するための手段ともなる。

　また，自前のコンピュータを使う場合に必要となる初期設定や更新処理，セキュリティ対策などさまざまな作業が不要になるという利点もある。それは，運用コストを削減しうることを意味し，企業にとっての重要な導入理由となる。

(3)　IoT

　人だけでなくさまざまなモノがインターネットを介して通信できるようになりIoT（internet of things）が普及した。「モノのインターネット」である。通信機能を付与された製品や設備から発信される，それ自体やその周囲の情報をネットワークを通じて収集し利用することである。

　IoTで可能となる最も基本的な機能はモニタリングである。例えば，販売した製品を監視し，稼働状況や消耗品の状態を把握することで，予防的なメンテナンスや消耗品の補充などのサービスを提供できる。また，モノの制御も可能である。客先の製品に不具合が検知されたら遠隔で操作して解決するようなこともできる。こうした仕組みは，サイバー空間と現実の物的な世界を一体化することからCPS（cyber-physical system）とも呼ばれる。

　IoTに関連して，インダストリー4.0（第4次産業革命）やインダストリアルインターネットなどのコンセプトも打ち出された。前者は，ドイツ政府が2011年に策定した「ハイテク戦略2020行動計画」の中で，IoTなどを通じて製造にかかわる情報を産業全体で共有し，国際競争力を高めようとする取り組みを指す。後者は，米ゼネラルエレクトリック社が2012年に提示した考え方であり，同社製品をIoT化し，得られる情報を活用して生産性の向上とサービスの改善を図ろうとするものである。

⑷　ビッグデータ

　ICTの発展によって取り扱えるようになった膨大なデータをビッグデータと呼ぶ。「ビッグ」の意味には，①データ量が多いこと，②形式が多様なこと，③発生頻度が高いこと，が含まれる。企業は，そうしたデータを収集して分析できるようになり，経営のために活用できるようになった。

　例えば，人々の購買情報がある。無数の人々の日々の買い物の情報はまさにビッグデータだが，これを分析するとどの商品がいつどれだけどのような組み合わせで買われているかがわかる。電子マネーやQRコード決済と連携させれば，どのような属性の人が何を買っているかも把握できる。また，スマートフォンやカーナビから発信される大量の位置データや，人々が発信する膨大なつぶやきデータもビッグデータである。それらを分析することで人気スポットの特定や混雑状況の捕捉，さらには流行の予測などが可能になる。

　従来は予想したり推測したりするしかなかったことを，データから事実として把握し，意思決定を改善できる点にビッグデータの真価があるといえる。

⑸　AI

　AI（artificial intelligence，人工知能）も企業経営に大きな影響を及ぼしうる。AIとは，人間の知能によってなされることを人工的に実現する仕組みの総称である。その開発の歴史は半世紀以上に及ぶが，改めて注目されるようになったのは，ICTの発展によって永らく人間にしかできないと思われていた知的活動をAIが肩代わりできるようになってきたからである。

　AIの発展に貢献したのは，機械学習の一種であるディープラーニング（深層学習）である。データを処理してその特徴量すなわちデータを識別するためのポイントを見出すことが可能になり，人間と同等かそれ以上の精度で，画像や音声，テキストなどさまざまなデジタルデータの識別が可能になった。

　実際，AIの識別能力はビジネスにおいてさまざまな形で応用されている。監視カメラの映像から顧客の年齢や性別をAIで推定し，それに基づいてマーケティング施策を実施する例がある。また，コールセンターへの問い合わせ音声の識別とそれに応じた回答候補の自動提示も実用化されている。他にも，機械設備の稼働監視や製造現場における不良品検知，金融機関における融資の審

査など多様な分野で利用されているが，いずれもAIによるデータの識別能力の高まりによって実現されるものである。

　企業のデジタルトランスフォーメーションは，単にデジタル技術を採用することではない。ここで確認したデジタル技術も，仕事のやり方を見直すことなく部分的に当てはめるだけでは限定的な効果しか得られない。新しい技術を前提に，経営戦略を立て，事業システムを設計し，その中に活用のあり方を位置づけていくことが重要である。

●注 ───────────

1　ICTという用語は，従来のIT（information technology，情報技術）よりやや「通信」を強調する以外はほぼ同義と捉えてよい。

第 28 章

社会のサービス化と経営

・・・・・・・・・・・・・・・・・・

Key Words

サービスの特性，サービス・マーケティング，インターナル・マーケティング，
サービス・プロフィット・チェーン

1．サービスの理解

(1) 経済のサービス化

　市場・経済の成熟および産業構造の変化にともなって，経済のサービス化が
進展している。経済のサービス化は先進国において顕著であり，わが国におい
てもGDPの7割程度がサービス産業によるものとなっている。これは，経済
活動の中心が製造業からサービス業へ移行していることを意味し，換言すれば，
消費の対象がモノからサービスへと変化しているということである。

　企業の経営においてもこのような市場や経済の環境変化に対応する必要が高
まっており，いかにしてサービスを創造し，提供するのかということが経営課
題の1つとして認識されている。本章では，サービスについての理解を深める
とともに，有形財の販売とは異なる視点で議論されるサービス・マーケティン
グについて説明する。

(2) サービスとは

　旅行での一連の行動を考えてもらいたい。飛行機や新幹線で移動をし，旅先
のテーマパークで非日常的な時間を過ごす。そして，現地のレストランで食事
をとり，ホテルに宿泊して1日の疲れをリフレッシュする。さて，ここでの旅
行代金が3万円だったとしよう。私たちは何に対してお金を支払ったのだろう

か。その答えがサービスである。服やアクセサリーを購入すれば，有形のモノが手元に存在するが，ホテルの宿泊などのサービスを購入した場合には，手元には何も存在しない。では，私たちはサービスの購入を通じて何を得たのであろうか。以下，サービスについてその定義をもとに考えてみよう。

　サービスを定義づけることはその多様性から容易ではないが，たとえば，コトラー／アームストロング［1995］は，「本質的に目に見えない活動もしくはベネフィットであり，結果としての所有権の移転を伴わないもの（p.686）」としてサービスを定義する。また，ラブロック／ウィルツ［2008］は，「ある主体が別の主体に提供する経済活動である。通常，時間単位の行動であり，受け手自身あるいは受け手の所有物や財産に対して期待通りの結果をもたらすものである（p.15）」と定義する。

　これらの見解から，サービスとは「活動やベネフィット」あるいは「期待通りの結果をもたらす行動」であり，動作や作用という活動それ自体を意味し，また，所有権の移転をともなわない経済活動であることが示唆される。すなわち，サービスとは，無形の財であり，市場で交換される無形の活動と説明できよう。そしてそれは，ある場合には人から人へ，またある場合には人からモノへというように主体が別の主体に対して行う活動である。したがって，上記の例では，私たちはテーマパークで過ごすことによって獲得される非日常的な時間やそこでの従業員の接客などの活動に対して価値を見いだし，その対価としての支払いを行っているのである。

　そして，このように理解されるサービスには，「無形性（Intangibility）」，「同時性（Simultaneously）」，「異質性（Heterogeneity）」，「消滅性（Perishability）」という有形製品と比較した際の4つの特性が存在する。

　企業経営の視点に立てば，サービスの提供にはこれらの特性に鑑みたマネジメントが必要となる。次節では，それぞれの特性について，有形財であるパソコンと無形財である美容院でのサービス提供を例に挙げながら説明する。

2．サービスの特性

(1) 無形性（Intangibility）

　無形性とは，サービスには形がないため，見たり，触れたり，味わったり，匂いを嗅いだり，聞いたりすることができず，消費者はあるサービスを購入する際に実体として認識することが不可能であるという特性である。たとえば，パソコンは重さや大きさ，キーボードの打感などを確かめてから購入することができるが，美容院で提供される整髪などは事前に仕上がりの結果を知ることができない。

　すなわち，サービスは，実際に使用してみなければ品質を評価することができず相対的に品質に対する知覚リスクが高くなるということである。したがって，サービス提供者は，このような知覚リスクを低下させるためにサービスの可視化や有形化について検討する必要がある。サービス提供時の写真を掲載したり，自社のサービスをすでに経験したことのある消費者の評価を口コミとしてウェブサイトに掲示したりすることによって，消費者が無形であるサービスを事前に評価することができるようにすることなどがこれらへの対応であると考えられる。

(2) 同時性（Simultaneously）

　同時性とは，サービスは生産と消費が同時に行われるという特性である。有形財であれば，工場で生産されたパソコンが各家庭において使用されるというように生産場面と消費場面は切り離されている。一方でサービスの場合は，美容師と消費者が同時に存在しなければサービスが創造されない。つまり，サービスの提供者と受益者が同時に存在しなければならず，また生産場面と消費場面を切り離すことができない。したがって，サービスは提供者と受益者の相互作用によって創造されることとなる。そして創造されるサービスの品質もこの相互作用に依存する。

　このことは美容院のケースを考えてみるとわかりやすい。最終的な整髪の仕上がりに対する満足度は，美容師のスキルに依存するというよりは，「もう少

し短くしてほしい」，「明るいカラーにしてほしい」などの会話をはじめとする
消費者側の生産場面への関与の度合いによって変化する。この意味で，サービ
スの創造においては，消費者は共同生産者となる。したがって，サービス提供
者は，消費者を共同生産者として理解し，サービスの創造における消費者の役
割を操作することが肝要である。

⑶　異質性（Heterogeneity）

　異質性とは，常に同品質でサービスを提供することが困難であるという特性
である。サービスの品質はサービス提供者の対応によるところが大きく，また，
消費者との相互作用に大きく依存するために，提供するサービスを標準化する
ことが困難であるということである。

　パソコンは規格化され標準化された製造工程のもと，同品質での生産が可能
であり不良品率は極めて低くなる。しかしながら，美容院で提供される整髪の
場合は，同じ美容院であっても個々の美容師にはスキルの差異があり，また店
舗の混雑具合などその時の状況によっても品質にバラツキが生じるかもしれな
い。すなわち，この異質性によってサービス業には多くの品質管理の問題があ
る。

　これらの問題を解消するために，たとえば美容院では顧客ごとに担当のス
タッフを配置することによってポジティブな相互作用を促進したり，またファ
ストフード・チェーンなどでは徹底したマニュアル管理と従業員教育を実践し
たりする。このようにサービス提供の最前線に位置する接客従業員の管理と消
費者が期待するサービス品質に対する不確実性を低下させるサービス提供シス
テムの構築が検討されなければならない。

⑷　消滅性（Perishability）

　消滅性とは，サービスに形がなく，生産と消費を切り離すことができないこ
とから在庫ができないという特性である。工場で生産されるパソコンは流通過
程において在庫されるため，ほとんどの場合において需要の変動に対応した販
売が可能である。サービスにあっては，消費者のニーズに応じてその場その時
に需要が創造されるために，需要と供給を一致させることが相対的に困難とな

る。したがって，美容院の場合には，需要の有無にかかわらずスタッフを配置しなければならなかったり，同時に接客可能な人数に限りがあったりする。このために機会損失が発生したりサービス提供の効率性が損なわれたりしてしまう。

消滅性に起因する需要と供給の管理の問題への対応策として，サービス業ではしばしば予約や事前登録のシステムが利用される。すなわち，需要をシフトさせるということである。事前に予約すると一定割合の値引きが行われたりする飛行機の座席やホテルの客室予約の例を考えるとわかりやすい。また，供給の管理としてサービス業ではパートタイム従業員を活用することによって，急な需要変動への対応を可能にしている。

3．サービス・マーケティング

⑴　サービス・マーケティングとは

経済のサービス化の進展によって社会におけるサービス業の重要性がますます高まってきている。こうしたなかで，当然のことながらサービス業にあっても自社のサービスを消費者により良く提供し利益を生み出す仕組みが求められる。すなわちマーケティングの視点が製造業者と同様に欠かせないということである。サービス業を対象とするマーケティングの議論は，社会の変化すなわち経済のサービス化に呼応して，およそ1970年代以降に活発化することとなる。それ以降，サービス・マーケティングという研究領域を形成するほどに議論が進展している。

サービス・マーケティングの中核的な概念は，**図表28-1**のように描くことができる。従来のマーケティング研究においては，有形財の市場取引を想定しており，企業と消費者の関係に焦点が当てられていた。そして，企業は標的顧客に対して，マーケティング・ミックスに代表されるようなさまざまなマーケティング手段を講ずることによって利益の獲得を目指してきた。しかしながら，サービスは先述のような特性を有しており，サービス業にはそれらの特性を考慮したマーケティングが求められることとなる。そこで指摘されるのが，従業員の重要性を強調するインターナル・マーケティングおよびインタラクティ

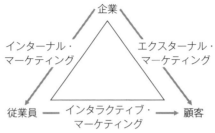

図表28-1　サービス業における３つのマーケティング・タイプ

出所：コトラー／ケラー［2014］，p.510。

ブ・マーケティングという視点である。

　企業から従業員への矢印で示されるインターナル・マーケティングとは，企業内部の従業員に対するマーケティング活動を意味する。消費者に対して優れたサービスを提供するための従業員教育や動機づけなどがそれにあたる。そして，従業員から顧客への矢印で示されるインタラクティブ・マーケティングとは，従業員と消費者の接点における相互作用的なコミュニケーションに基づくマーケティング活動を意味する。なお，企業から顧客への矢印で示されるエクスターナル・マーケティングとは，有形財を対象とするマーケティングの発想と同様であり企業外部の市場および消費者へのマーケティング活動を意味する。

　サービスの提供には従業員が関与する部分がかなり多くなる。とりわけ，同時性および異質性という特性の観点から考えれば，従業員と消費者との相互作用が，創造されるサービスに大きな影響を与え，消費者が知覚する品質を左右する。すなわち，企業がたとえどんなに優れたサービスを開発したとしても，消費者と直接かかわる従業員の対応次第では正当に評価されなくなってしまうかもしれない。また，ほとんど差別性がないようなサービスであっても従業員と消費者の相互作用がうまくいけば優れたサービスであると判断されることとなる。

⑵　サービス・プロフィット・チェーン

　従業員による消費者とのより良い相互作用を導くための企業の取組みの一つがインターナル・マーケティングである。従来，企業は消費者のニーズを満た

図表28-2 サービス・プロフィット・チェーン

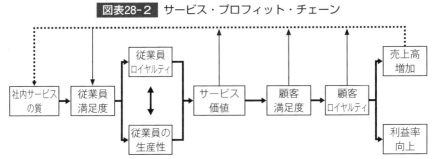

出所：Heskett et al.［1994］, p.166を一部改変。

し満足度を高めるためのマーケティングを実践してきた。消費者に対して従業員が果たす役割が大きいサービス業であればこそ，この発想を自社の従業員にむけたものとして転換する必要があるだろう。

　従業員満足度を高めることによって企業の利益が向上するメカニズムを示すのがサービス・プロフィット・チェーン（**図表28-2**）である。図表の左側が企業内部の活動であり，右側が企業外部の活動を表している。サービス・プロフィット・チェーンは次のような一連の流れとそのサイクルのことである。まず，企業内部の（従業員に対する）サービス品質を高めることによって従業員満足度が高まり，それにともなって従業員のロイヤルティと生産性が向上し，その結果として提供されるサービスの価値が向上する。そして，より優れたサービスが提供されれば，顧客満足度も高まり，顧客ロイヤルティが向上し，その結果売上高の増加や利益率の向上が見込まれるということである。端的にいえば，高い従業員満足を創造することができればそれが高い顧客満足を導き，最終的には企業の利益につながるということである。そして，獲得された利益がさらなる企業内部の品質を高めるという好循環が生まれるのである。

　したがって，ここに企業内部に向けたマーケティング活動であるインターナル・マーケティングの重要性が再確認される。

参考文献

第1章

池上彰監修［2020］『なぜ僕らは働くのか―君が幸せになるために考えてほしい大切なこと』学研プラス

今村仁司［1998］『近代の労働観』岩波書店

稲葉元吉［1990］『現代経営学の基礎』実教出版

前田愛［1992］『都市空間のなかの文学』筑摩書房

清水正徳［1982］『働くことの意味』岩波書店

真実一郎［2010］『サラリーマン漫画の戦後史』洋泉社新書

田尾雅夫［1997］『「会社人間」の研究―組織コミットメントの理論と実際』京都大学学術出版会

田尾雅夫［2002］「会社人間再考」『Finansurance（明治生命フィナンシュアランス研究所調査報）』Vo.11, No.2, 4-12頁

富山由紀子［2011］「安野モヨコ作品における労働の問題系」『早稲田大学大学院文学研究科紀要』第57輯, 183-196頁

第2章

小松陽一／高井透編［2009］『経営戦略の理論と実践』芙蓉書房出版

P. F. ドラッカー（上田惇生編訳）［2001］『マネジメント（エッセンシャル版）―基本と原則』ダイヤモンド社

第3章

市古勲［2006］「企業形態」櫻井克彦編著『現代経営学　経営学研究の新潮流』税務経理出版

A. A. バーリ／G. C. ミーンズ（森杲訳）［2014］『現代株式会社と私有財産』北海道大学出版会

三戸浩／池内秀己／勝部伸夫［2018］『企業論（第4版）』有斐閣

牛丸元［2015］『スタンダード企業論（改訂版）』同文舘出版

第4章

伊藤邦雄［2020］『新・現代会計入門（第4版）』日本経済新聞出版社

斎藤静樹［2016］『企業会計入門―考えて学ぶ（補訂版）』有斐閣

向伊知郎編著［2020］『続・ズバッ！とわかる会計学』同文舘出版

J. R. ヒックス（安井琢磨／熊谷尚夫訳）［1995］『価値と資本（上）―経理理論の若干の基本原理に関する研究』岩波書店

第5章

櫻井克彦［1991］『現代の企業と社会―企業の社会的責任の今日的展開』千倉書房

谷口勇仁［2006］「企業の社会的責任」櫻井克彦編『現代経営学』税務経理協会

松野弘／堀越芳昭／合力知工［2006］『「企業の社会的責任論」の形成と展開』ミネルヴァ
　書房

森本三男［1994］『企業社会責任の経営学的研究』白桃書房

Davis, K., ［1960］ "Can business afford to ignore social responsibility?" *California
　Management Review*, 2, spring, pp.70-76

第6章

大西淳也／福元渉［2016］「PDCAについての論点整理」*PRI Discussion Paper Series*,
　No.16A-09, pp.1-33.（https://www.mof.go.jp/pri/research/discussion_paper/ron281.
　pdf）（2020年9月1日確認）

加護野忠男編著［2003］『企業の戦略』八千代出版

上林憲雄［2012］「人的資源理論」『日本労働研究雑誌』No.612, April, 38-41頁

岸田民樹／田中政光［2009］『経営学説史』有斐閣

H. A. サイモン（松田武彦・高柳暁・二村敏子訳）［1989］『新版　経営行動』ダイヤモン
　ド社

徳永善昭［1995］『戦略的経営管理論』白桃書房

H. ファヨール（佐々木恒男訳）［1972］『産業ならびに一般の管理』未来社

M. Imai（1988）*Kaizen: The Key to Japan's Competitive Success*, New York: Random
　House.

W. A. Shewhart（1939）*Statistical Method from the Viewpoint of Quality Control*, The
　Graduate School, The Department of Agriculture.（坂元平八監訳（1960）『品質管理
　の基礎概念―品質管理の観点からみた統計的手法』岩波書店）

第7章

石川和男［2018］『基礎からの商業と流通（第4版）』中央経済社

太田一樹［2007］『改訂版　現代のマーケティング・マネジメント』晃洋書房

P. コトラー／G. アームストロング（和田充夫監訳）［2003］『マーケティング原理（第9
　版）』ダイヤモンド社

P. コトラー／G. アームストロング／恩藏直人（上川典子／丸田素子訳）［2014］『コトラー,
　アームストロング, 恩藏のマーケティング原理』丸善出版

番場博之編［2014］『基礎から学ぶ流通の理論と政策』八千代出版

第8章

浅井敬一郎／小沢浩［2002］「経営生産論の構成と展開」手塚公登／小山明宏／上田泰編
　『経営学再入門―再チャレンジ！　基礎から最新の理論まで』同友館

小川英次編［1989］『生産管理』中央経済社

藤本隆宏［2001］『生産マネジメント入門〈1〉生産システム編』日本経済新聞出版社

藤本隆宏［2001］『生産マネジメント入門〈2〉生産資源・技術管理編』日本経済新聞出
　版社

第9章

安藤史江［2008］『人的資源管理』新世社

今野浩一郎／佐藤博樹［2009］『人事管理入門（第3版）』日本経済新聞出版社

奥林康司／上林憲雄／平野光俊［2010］『入門 人的資源管理（第2版）』（中央経済社）
上林憲雄／厨子直之／森田雅也［2018］『経験から学ぶ人的資源管理（新版）』有斐閣
金井壽宏［2006］『働くみんなのモティベーション論』NTT出版
白井泰四郎［1992］『現代日本の労務管理（第2版）』東洋経済新報社
佐藤博樹／藤村博之／八代充史［2007］『新しい人事労務管理（第3版）』有斐閣
西村純子［2010］「家族を読み解く」，塩原良和・竹ノ下弘久編著『社会学入門』所収，
　　pp.27-37弘文堂

第10章

乙政正太［2019］『財務諸表分析（第3版）』同文舘出版
斎藤静樹［2014］『企業会計入門―考えて学ぶ』有斐閣
榊原茂樹／菊池誠一／新井富雄／太田浩司［2011］『現代の財務管理（新版）』有斐閣
桜井久勝［2020］『財務諸表分析（第8版）』中央経済社
鈴木基史／羽岡秀晃［2011］『実務から学ぶコーポレート・ファイナンス』中央経済社

第11章

網倉久永／新宅純二郎［2011］『経営戦略入門』日本経済新聞出版社
石井淳蔵／加護野忠男／奥村昭博／野中郁次郎［1996］『経営戦略論 新版』有斐閣
D. F. エーベル（石井淳蔵訳）［2012］『新訳 事業の定義―戦略計画策定の出発点』碩学舎
沼上幹［2009］『経営戦略の思考法』日本経済新聞出版社
H. ミンツバーグ（齋藤嘉則監訳）［2012］『戦略サファリ―戦略マネジメント・コンプリート・ガイドブック（第2版）』東洋経済新報社

第12章

網倉久永／新宅純二郎［2011］『経営戦略入門』日本経済新聞出版社
大滝精一／金井一賴／山田英夫／岩田智［2006］『経営戦略―論理性・創造性・社会性の追求 新版』有斐閣
小松陽一／高井透編［2009］『経営戦略の理論と実践』芙蓉書房出版
高井尚之［2009］『日本カフェ興亡記』日本経済新聞出版社
M. E. ポーター（土岐坤／中辻萬治／服部照夫訳）［1995］『（新訂）競争の戦略』ダイヤモンド社

第13章

網倉久永／新宅純二郎［2011］『経営戦略入門』日本経済新聞出版社
H. I. アンゾフ（広田寿亮訳）［1969］『企業戦略論』産業能率大学出版部
P. コトラー／G. アームストロング／恩藏直人（上川典子／丸田素子訳）［2014］『コトラー，アームストロング，恩藏のマーケティング原理』丸善出版
小松陽一／高井透編［2009］『経営戦略の理論と実践』芙蓉書房出版
日刊工業新聞特別取材班編［2012］『旭化成の研究』日刊工業新聞社
J. B. バーニー（岡田正大訳）［2003］『企業戦略論（下）全社戦略編』ダイヤモンド社
平川恵三［1987］「旭化成におけるリストラクチャリング」『研究技術計画』研究・技術計画学会，Vol.2 No.1, pp.29-33

第14章

H. ミンツバーグ（齋藤嘉則監訳）［1999］『戦略サファリ―戦略マネジメント・ガイドブック』東洋経済新報社

内藤勲［2007］「情報ストックとケイパビリティ・マネジメント」遠山曉編『組織能力形成のダイナミックス』中央経済社，194-219頁

内藤勲［2011］「戦略学習のダイナミクス」岩田憲明／山田基成編『中小企業のマネジメント―名古屋経営の実証的研究』中央経済社，3-22頁

沼上幹［2009］『経営戦略の思考法』日本経済新聞出版社

第15章

J. B. バーニー（岡田正大訳）［2003］『企業戦略論（上）基本編』ダイヤモンド社

M. E. ポーター（土岐坤／中辻萬治／小野寺武夫訳）［1985］『競争優位の戦略』ダイヤモンド社

第16章

J. ガルブレイス（梅津祐良訳）［1980］『横断組織の設計―マトリックス組織の調整機能と効果的運用』ダイヤモンド社

H. A. サイモン（二村敏子／桑田耕太郎／高尾義明／西脇暢子／高柳美香訳）［2009］『新版 経営行動―経営組織における意思決定過程の研究』ダイヤモンド社

J. G. マーチ／H. A. サイモン（高橋伸夫訳）［2014］『オーガニゼーションズ（第2版）』ダイヤモンド社

P. R. ローレンス／J. W. ローシュ（吉田博訳）［1977］『組織の条件適応理論―コンティンジェンシー・セオリー』産能大学出版

第17章

岸田民樹編著［2009］『組織論から組織学へ―経営組織論の新展開』文眞堂

岸田民樹／田中政光［2009］『経営学説史』有斐閣

山倉健嗣／岸田民樹／田中政光［2001］『現代経営キーワード』有斐閣

第18章

古澤和行［2004］「知識創造としての組織学習プロセス」『経済科学』第52巻第1号，39-55頁

Argyris, C. [1977] "Double Loop Learning in Organizations," *Harvard Business Review*, Vol.55, No.5, pp.115-125

Argyris, C. & D. A. Schön [1978] *Organizational Learning : A Theory of Action Perspective, Reading, MA* : Addison-Wesley

Levitt, B. & J. G. March [1988] "Organizational Learning," *Annual Review of Sociology*, Vol.14, pp.319-340

March, J. G. & J. P. Olsen [1975] "The Uncertainty of the Past : Organizational Learning under Ambiguity," *European Journal of Political Research*, Vol.3, No.2, pp.147-171

Weick, K. E. & F. Westley [1996] "Organizational Learning : Affirming an Oxymoron," in S. R. Clegg, C. Hardy, & W. R. Nord (eds.) *Handbook of Organization Studies*, London : Sage, pp.440-458

第19章

井原久光［2008］『テキスト経営学（第3版）基礎から最新の理論まで』ミネルヴァ書房

桑田耕太郎／田尾雅夫［1998］『組織論』有斐閣

G. P. レイサム（金井壽宏監訳／依田卓巳訳）［2009］『ワーク・モティベーション』NTT
出版

田尾雅夫／佐々木利廣／若林直樹［2005］『はじめて経営学を学ぶ』ナカニシヤ出版

V. H. ヴルーム（坂下昭宣／榊原清則／小松陽一／城戸康彰訳）［1982］『仕事とモティベー
ション』千倉書房

Deci, E. L. ［1971］"Effects of Externally Mediated Rewards on Intrinsic Motivation,"
Journal of Personality and Social Psychology, Vol.18, No.1, pp.105-115

Locke, E. A. & Latham, G. P. ［1990］*A Theory of Goal Setting and Task Performance*,
Prentice Hall

Porter, L. W., & Lawler, Ⅲ, E. E. ［1968］*Managerial Attitudes and Performance*, Dorsey
Press

第20章

C. アージリス（伊吹山太郎／中村実訳）［1970］『組織とパーソナリティー』日本能率協会

井原久光［2000］『テキスト経営学［増補版］―基礎から最新理論まで』ミネルヴァ書房

C. カーライル（老田三郎訳）［1949］『英雄崇拝論』岩波書店

岸田民樹／田中政光［2009］『経営学説史』有斐閣

J. P. コッター（黒田由貴子監訳）［1999］『リーダーシップ論』ダイヤモンド社

田尾雅夫／佐々木利廣／若林直樹［2005］『はじめて経営学を学ぶ』ナカニシヤ出版

N. マキアヴェッリ（佐々木毅訳）［2004］『君主論』講談社

三隅二不二［1978］『リーダーシップ行動の科学』有斐閣

第21章

井上善海／木村弘／瀬戸正則編著［2014］『中小企業経営入門』中央経済社

清成忠男／田中利見／港徹雄［1996］『中小企業論―市場経済の活力と革新の担い手を考
える―』有斐閣

中小企業庁編『中小企業白書（各年版）』・『小規模企業白書（各年版）』（いずれも2019年
版まで）

中小企業庁編［2020］『中小企業白書／小規模企業白書（2020年版）⊕・⊖』日経印刷

第22章

小川英次［2009］『現代経営論―中小企業経営の視点を探る』中央経済社

岩田憲明／山田基成編［2011］『中小企業のマネジメント―名古屋経営の実証的研究』中
央経済社

倉科敏材［2003］『ファミリー企業の経営学』東洋経済新報社

日本政策金融公庫総合研究所［2015］『働く場としての中小企業の魅力』日本政策金融公
庫総合研究所

中小企業庁編［2014］『中小企業白書（2014年版）』日経印刷

渡辺幸男／小川正博／黒瀬直宏／向山雅夫［2013］『21世紀中小企業論（第3版）』有斐閣

第23章

植田浩史／桑原武志／本田哲夫／義永忠一／関智宏／田中幹大／林幸治［2014］『中小企業・ベンチャー企業論（新版）』有斐閣

大城章顕［2020］『起業の法務マネジメント』日本実業出版社

中小企業庁編『中小企業白書（各年版）』2020年版まで

長谷川博和［2010］『ベンチャーマネジメント［事業創造］入門』日本経済新聞出版社

第24章

井上達彦［2019］『ゼロからつくるビジネスモデル』東洋経済新報社

植田浩史／桑原武志／本田哲夫／義永忠一／関智宏／田中幹大／林幸治［2014］『中小企業・ベンチャー企業論（新版）』有斐閣

清成忠男［1997］『中小企業読本（第3版）』東洋経済新報社

忽那憲治［2011］『ベンチャーキャピタルによる新産業創造』中央経済社

C. クリステンセン（玉田俊平太監修／伊豆原弓訳）［2001］『イノベーションのジレンマ』翔泳社

C. クリステンセン／M. レイナー（玉田俊平太監修／櫻井祐子訳）［2003］『イノベーションへの解』翔泳社

W. チャン・キム／レネ・モボルニュ（入山章栄監訳／有賀裕子訳）［2015］『新版　ブルー・オーシャン戦略——競争のない世界を創造する』ダイヤモンド社

松田修一［1998］『ベンチャー企業』日本経済新聞社

第25章

大野耐一［1978］『トヨタ生産方式』ダイヤモンド社

小川英次編［1994］『トヨタ生産方式の研究』日本経済新聞社

内藤勲［2003］「トヨタ生産方式」二神恭一／芝隆史編『名古屋の企業経営入門』八千代出版，第6章2，pp.126-139

第26章

J. M. アッターバック（大津正和／小川進訳）［1998］『イノベーション・ダイナミクス——事例から学ぶ技術戦略』有斐閣

C. クリステンセン（玉田俊平太監修／伊豆原弓訳）［2001］『イノベーションのジレンマ（増補改訂版）』翔泳社

J. A. シュンペーター（塩野谷祐一／中山伊知郎／東畑精一訳）［1977］『経済発展の理論——企業者利潤・資本・信用・利子および景気の回転に関する一研究（上）（下）』岩波書店

P. F. ドラッカー（小林宏治監訳）［1985］『イノベーションと企業家精神——実践と原理』ダイヤモンド社

J. バーク（福本剛一郎他訳）［1984］『コネクションズ——意外性の技術史10話』日経サイエンス

一橋大学イノベーション研究センター編集［2017］『イノベーション・マネジメント入門（第2版）』日本経済新聞出版社

R. M. ロバーツ（安藤喬志訳）［1993］『セレンディピティー——思いがけない発見・発明のドラマ』化学同人

第27章

A. アグラワル／J. ガンズ／A. ゴールドファーブ（小坂恵理訳）［2019］『予測マシンの世紀：AIが駆動する新たな経済』早川書房

内平直志［2019］『戦略的IoTマネジメント』ミネルヴァ書房

R. カラコタ／M. ロビンソン（渡辺聡訳）［1999］『eビジネス 企業変革のロードマップ』ピアソン・エデュケーション

島田達巳／高原康彦［2007］『経営情報システム（改訂第3版）』日科技連

近安理夫［2001］『戦略的ERPの実践』東洋経済新報社

遠山曉／村田潔／岸眞理子［2015］『経営情報論（新版補訂)』有斐閣

独立行政法人情報処理推進機構AI白書編集委員会［2018］『AI白書2019』角川アスキー総合研究所

M. ハマー／J. チャンピー（野中郁次郎訳）［1993］『リエンジニアリング革命―企業を根本から変える業務革新』日本経済新聞社

宮川公男／上田泰［2014］『経営情報システム 第4版』中央経済社

第28章

P. コトラー／G. アームストロング（和田充夫／青井倫一訳）［1995］『新版 マーケティング原理―戦略的行動の基本と実践』ダイヤモンド社

P. コトラー／K. L. ケラー（恩蔵直人監修／月谷真紀訳）［2014］『コトラー & ケラーのマーケティング・マネジメント第12版』丸善出版

J. L. ヘスケット／W. E. サッサーJr.／L. A. シュレシンジャー［1998］（島田陽介訳）『カスタマー・ロイヤルティの経営』日本経済新聞社

C. ラブロック／J. ウィルツ（白井義男監修／武田玲子訳）［2008］『ラブロック＆ウィルツのサービス・マーケティング』ピアソン・エデュケーション

Heskett, J. L., Jones, T. O., Loveman, G. W., Sasser, W. E., & Schlesinger, L. A. [1994] Putting the service-profit chain to work. *Harvard business review*, 72（2）, pp.164-174

索　引

■執筆者紹介（執筆順）

関　千里（せき　ちさと）……………………………………………………1, 9章担当
2004年　愛知学院大学大学院経営学研究科博士（後期）課程単位取得満期退学
現在　　愛知学院大学経営学部教授
主著　　『産業クラスターと地域経済』（分担執筆）八千代出版，2005年

内藤　勲（ないとう　いさお）…………………… 2, 6−8, 11−15, 23−26章担当
編著者紹介参照

津田秀和（つだ　ひでかず）……………………………………………………3, 5章担当
2000年　名古屋大学大学院経済学研究科経営学専攻博士（後期）課程修了
現在　　愛知学院大学経営学部経営学科教授
主著　　『「企業の社会的責任論」の形成と展開』（分担執筆）ミネルヴァ書房，2006年

西海　学（にしうみ　さとる）…………………………………………… 4, 10章担当
2004年　横浜国立大学大学院国際社会科学研究科博士課程後期修了
現在　　愛知学院大学経営学部教授
主著　　『ベーシック企業会計』（分担執筆）創成社，2013年

古澤和行（こざわ　かずゆき）………………………………… 6, 17−20章担当
2005年　名古屋大学大学院経済学研究科博士（後期）課程修了
現在　　愛知学院大学経営学部教授
主著　　『表象の組織論』（分担執筆）中央経済社，2016年

金澤敦史（かなざわ　あつし）…………………………………………… 7, 28章担当
2019年　明治大学大学院商学研究科博士後期課程修了
現在　　愛知学院大学経営学部経営学科准教授
主著　　『サービス・マーケティングの理論と実践』（分担執筆）五絃舎，2014年

森田大輔（もりた　だいすけ）…………………………………………… 8, 25章担当
摂南大学大学院工学研究科創生工学博士課程修了
現在　　愛知学院大学経営学部経営学科講師
主著　　「プロジェクトのスタビリティ向上のためのスケジュール修正方法」（共著）『システム制御情報学会論文誌』2017/08

土橋力也（つちはし　りきや）··11-13章担当

2010年　名古屋大学大学院経済学研究科博士（後期）課程修了

現在　　立命館大学経営学部准教授

主著　　「オンラインC2Cプラットフォームにおけるユーザーの質の管理の検討」『日本経営学会誌』43号, pp.3-14, 2019年

林　幹人（はやし　みきひと）··16, 27章担当

2007年　慶應義塾大学大学院経営管理研究科博士課程修了

現在　　愛知学院大学経営学部教授

主著　　『創発経営のプラットフォーム―協働の情報基盤づくり』（分担執筆）日本経済新聞社, 2011年

林　伸彦（はやし　のぶひこ）··21, 22章担当

1987年　名古屋大学大学院経済学研究科博士（後期）課程単位取得満期退学

現在　　愛知学院大学経営学部教授

主著　　『中小企業のマネジメント―名古屋経営の実証的研究』（分担執筆）中央経済社, 2011年

【編著者略歴】

内藤　勲（ないとう　いさお）

1988年　名古屋大学大学院経済学研究科博士（後期）課程単位取得満期退学
現在　愛知学院大学経営学部教授
主著　『表象の組織論』（共編著）中央経済社，2016年

はじめて出会う経営学（第2版）

2016年 3 月20日　第 1 版第 1 刷発行	
2020年 2 月10日　第 1 版第 4 刷発行	
2021年12月20日　第 2 版第 1 刷発行	
2024年 3 月30日　第 2 版第 3 刷発行	

編著者　内　藤　　　勲
発行者　山　本　　　継
発行所　㈱中央経済社
発売元　㈱中央経済グループ
　　　　パブリッシング

〒101-0051　東京都千代田区神田神保町 1 − 35
電話　03 (3293) 3371（編集代表）
　　　03 (3293) 3381（営業代表）
https://www.chuokeizai.co.jp
印刷／文唱堂印刷㈱
製本／㈲井上製本所

© 2021
Printed in Japan

＊頁の「欠落」や「順序違い」などがありましたらお取り替えいた
しますので発売元までご送付ください。（送料小社負担）
ISBN978-4-502-40851-9　C3034